El

Eslabón Perdido

- En la Teología –

TERCERA EDICIÓN
(AMPLIADA)

Julio A. Rodríguez

El Eslabón Perdido
- En la Teología -
Julio A. Rodríguez

ISBN: 978-1-939317-03-2

Las citas escriturales se han tomado de la Santa Biblia, versión Reina-Valera, 1960, Sociedades Bíblicas Unidas.

Publicado por:
Editorial Nueva Vida
53-21 37 Ave., Woodside, NY, 11377

- Primera Edición publicada en septiembre 2007
- Segunda Edición Publicada en Julio 2009
- Tercera Edición, ampliada, publicada en diciembre 2012

Impreso en los Estados Unidos de América.

Dedicatoria

Al bendito Espíritu Santo, Quien me ha honrado al darme esta tarea tan especial de comunicar estas verdades; y Quien me ha tomado de la nada y me ha puesto a Su servicio, para la gloria del Señor Jesucristo y del Padre Celestial.

A todo ser humano de cualquier país, tribu, lengua o nación, dondequiera que se encuentre; para que, por la bondad de Dios, conozca el verdadero sentido de Su gracia ofrecida gratuitamente a toda la humanidad por causa del precio pagado por el Señor Jesucristo a través del sacrificio expiatorio que Él mismo, por amor, llevó a cabo en Su mismo cuerpo en la cruz del calvario y que el Padre aceptó para hacer la paz con los seres humanos y justificarlos delante de Él, de acuerdo a Su perfecta voluntad y santidad.

Con amor y por Su misericordia,

Julio Rodríguez

Pr. Julio A. Rodríguez

4

"Cuando el pecado abundó...
Sobreabundó La Gracia"
(Romanos 5:20)

Es mi oración a Dios,
Que toda persona que lea este libro,
pueda tener una mente abierta;
Que analice los puntos *bíblicamente*,
como son expuestos; Y que sea el
Espíritu de Verdad,
El Espíritu Santo,
Quien le guíe a toda la verdad.

(J.R.)

*...Y habiendo abierto el libro, halló el lugar donde estaba
escrito: El Espíritu del Señor está sobre mí,
Por cuanto me ha ungido para dar buenas nuevas a los pobres;
Me ha enviado a sanar a los quebrantados de corazón; A
pregonar libertad a los cautivos, Y vista a los ciegos;
A poner en libertad a los oprimidos;
A predicar el año agradable del Señor"
(Lucas 4: 17b-19)*

CONTENIDO

Introducción a la Tercera Edición

Cuando este libro estaba para ser publicado en el año 2007, yo tenía la inquietud de que debía dar mayor cantidad de información y de explicaciones en varios de los conflictivos temas que se tratan. En aquel entonces, el Señor me mostraba que debía dejarlo de esa manera; y me explicaba lo que significaba la expresión del apóstol Juan, cuando decía:

"Tengo muchas cosas que escribiros, pero no he querido hacerlo por medio de papel y tinta…"
(2ª Juan 1:12; 3ª Juan 1:13)

En esta oportunidad, el Señor me ha permitido aumentar la cantidad de versículos y ampliar los conceptos claves; los cuales, estoy seguro, servirán para un mejor entendimiento y esclarecimiento de los aspectos que han sido enturbiados con el transcurrir de la historia del cristianismo.

Todos los que logren encontrar el *Eslabón* que se había *Perdido en la* enseñanza y aplicación de la *Teología*, podrán tener vidas más fructíferas, para la gloria del Señor.

J.R.

Prólogo de la Primera Edición

Son las 11:15 de la mañana de aquel último domingo del mes de junio, 2005. Estamos experimentando una gloriosa presencia del Señor. El Señor nos anima con una palabra en Isaías 60.

Nos dice:

"Levántate, resplandece; porque ha venido tu luz, y la gloria de Jehová ha nacido sobre ti. Porque he aquí que tinieblas cubrirán la tierra, y oscuridad las naciones; mas sobre ti amanecerá Jehová, y sobre ti será vista su gloria. Y andarán las naciones a tu luz, y los reyes al resplandor de tu nacimiento" (Isaías 60: 1-3)[i]

Más adelante le corresponde al pastor de los jóvenes traer el mensaje. Las personas estamos disfrutando del mover del Espíritu Santo de una manera muy especial.

Los oídos están prestos y la actitud es positiva. De repente, el predicador menciona un pasaje bíblico que se encuentra en el libro de Ester:

"Porque si callas absolutamente en este tiempo, respiro y liberación vendrá de alguna otra parte para los judíos; mas tú y la casa de tu padre pereceréis. ¿Y quién sabe si para esta hora has llegado al reino? (Ester 4:14)

Ya la predicación se torna en una conversación personal con el Espíritu de Dios que me recuerda las diferentes maneras en las que me ha estado hablando...

Sé que debo tratar el tema y, a la verdad, no lo quiero hacer. Es muy conflictivo. Me identifico mucho con Moisés cuando Dios le decía que regresara a Egipto y se presentara ante Faraón.

Le pregunto, *"¿por qué yo, Señor?* Si tú tienes grandes e influyentes predicadores y siervos, mundialmente reconocidos; ¿por qué no le mandas a ellos por lo menos que inicien el tema y luego yo me uniré a ellos?"

11

El Señor es paciente y misericordioso y no se enoja conmigo; más bien comienza a darme algunas razones que tratarán de dar contesta a la pregunta que le hice.

Antes que nada, me recuerda que *"si el grano de trigo no cae en la tierra y muere, queda solo; pero si muere, entonces lleva mucho fruto"*. Esa palabra *"muere"*, es la causa de toda mi angustia.

He creído que he dejado todo para servirle a Él; que de alguna manera he muerto al Yo y a mis deseos, pero el Señor me indica que aún queda un área a la cual Él espera que yo muera: A mi seguridad en el ministerio; en otras palabras, a ser aceptado, amado y recibido.

Espera que yo le rinda mis expectativas y que espere solo en Él para el desarrollo de Su plan en este tiempo crucial.

Entre las palabras de respuesta de la reina Ester, estaban:

"Y entonces entraré a ver al rey, aunque no sea conforme a la ley; y si perezco, que perezca" (Ester 4:16)

Sigo escuchando al predicador decir: "Éste es el tiempo, el *Kairós* de Dios". ¡**Éste es el tiempo**!

J.R.

El caso es éste:

Hace ya varios años que el Espíritu Santo me ha estado inquietando en un análisis de la Palabra que se sale de lo normal; que no va acorde a los mensajes que usualmente escucho o examino de personas que son muy ungidas y que Dios está usando poderosamente con señales y milagros a nivel mundial.

Dios me está hablando de una nueva manera de "**Tradición**" que ha ocupado el lugar de la verdad. Una tradición que está tan arraigada que es difícil hablar o incluso pensar que no sea la verdad.

Una tradición que ha sido más bien el resultado de una poderosa estrategia satánica que ha afectado y desacreditado el cristianismo a tal grado que hoy en día no tiene casi credibilidad en el mundo perdido y necesitado.

Dicha tradición hace un enfoque tan radical en la salvación humana, que pierde todo lo concerniente al temor de Dios y a cómo Él trata con los hombres.

Preguntas Teológicas que necesitan respuestas.

1. ¿Qué sucederá a una persona que muera sin haber recibido al Señor Jesucristo como su salvador personal, porque nadie le habló de Él? ¿Habrá alguna remota posibilidad de que Dios le permita ir al cielo?

2. ¿Qué pasará a las personas que, habiendo creído en Jesús, no dejan ciertas creencias religiosas que son aborrecidas por Dios; y sin embargo viven una fe sincera, practican la bondad y el amor cristiano, con la esperanza de que el Señor los recibirá en Su morada en aquel día?

3. ¿Qué pasará a aquellos que dicen ser cristianos pero que sus testimonios atentan contra Dios? ¿Entrarán al cielo de todas maneras?

Tal vez esté de más decirlo: Es un tema espinoso y contradictorio. Lo más fácil es decir lo que por tradición hemos escuchado y quizás aprendido; sin embargo, el Señor continúa hablándome:

Es hora de decir **TODA** la verdad. **¡Es el tiempo!**

Hace dos semanas que recibí del Señor un reto. Él me preguntaba:

¿Estaría yo dispuesto a arriesgar mi reputación por causa de proclamar la verdad?

Él me recordaba que Cristo Jesús, en los tiempos que llamamos de "popularidad en su ministerio", dijo siempre la verdad (aunque fuera impopular); y como consecuencia, en muchas ocasiones lo trataron violentamente.

La respuesta, después de un momento de reflexión, fue un sí incondicional; aunque podía imaginarme la actitud y hasta la crítica de algunas personas que no comprendían lo que pasaba.

Por mucho tiempo he esperado que alguien más sea quien inicie el tema a nivel local, nacional o mundial. He buscado en Internet para ver si alguien ha tomado ciertas iniciativas sobre el tema; pero hasta ahora no he encontrado la respuesta.

He consultado muchos libros y puedo ver cómo es obviado el tema. Aún en los comentarios bíblicos no encuentro a nadie que se haya atrevido a enfrentar esta tradición cristiana.

El Señor me decía:

"Si el grano de trigo no cae en la tierra y muere queda solo; pero si muere lleva mucho fruto".

El Espíritu Santo me hacía ver que, aunque en mi vida ministerial he tratado siempre de trabajar en equipo y de buscar consejos en toda materia necesaria; en lo que respecta a lo que Él me está pidiendo, tengo que ir solo.

Algo parecido a lo que vivió el Señor Jesucristo, que tuvo que ir solo a la cruz. Nadie pudo compartirla con Él. Ningún apóstol o seguidor; ni siquiera su madre.

El Señor me ha pedido que yo sacrifique a mi "Isaac" y espera que yo le obedezca como lo hizo Abraham, aunque no entienda el motivo que mueve a Dios a pedir eso.

En mi indecisión el Señor me recuerda que Él siempre está conmigo, que no me va a abandonar si apareciera algún vestigio de persecución. Que aunque tenga que andar en medio del fuego, Él va a proveer la protección necesaria para mantenerme a salvo.

Tengo que confiar en Él aún en los tiempos más difíciles; no debo temer a nada ni a nadie porque Él es mi Salvador.

Pero... el Señor nos pregunta a todos:

¿Quién más estaría dispuesto a abandonar su gran popularidad en el ámbito cristiano para enfrentar persecución, por causa de la verdad?

Acomodamiento de la verdad:
Una nueva forma de tradición

Acomodamiento de la verdad: Una nueva forma de tradición

La Biblia dice:

"El hijo honra al padre, y el siervo a su señor. Si, pues, soy yo padre, ¿dónde está mi honra? Y si soy señor, ¿dónde está mi temor? dice Jehová de los ejércitos a vosotros" (Malaquías 1:6)

"El que camina en su rectitud teme a Jehová; Mas el de caminos pervertidos lo menosprecia" (Prov. 14:2)

"El temor de Jehová es el principio de la sabiduría" (Prov. 9:10)

"Riquezas, honra y vida son la remuneración de la humildad y del temor de Jehová" (Prov. 22:4)

En el evangelio de Marcos, Jesús enfrenta a los religiosos y a todos los judíos de su tiempo, condenando una práctica que habían establecido como si fuera válida ante los ojos de Dios.

Él dijo:

"Hipócritas, bien profetizó de vosotros Isaías, como está escrito: Este pueblo de labios me honra, mas su corazón está lejos de mí."

"Pues en vano me honran, enseñando como doctrinas, mandamientos de hombres. Porque dejando el mandamiento de Dios os aferráis a la tradición de los hombres..."

"...Invalidando la Palabra de Dios con vuestra tradición que habéis transmitido..."   (Marcos 7: 6-8ª; 13ª)

El Señor me muestra que la nueva "**tradición**" que ha pasado por las últimas generaciones *son pensamientos e ideas doctrinales* que han sustituido el verdadero mensaje que Dios da en Su Palabra.

No debiera sorprendernos que el cristianismo haya perdido en gran medida su poderosa influencia en el mundo hasta el extremo que se habla que vivimos en la *"Era Post-Cristiana"*.

Esto es así porque con el transcurrir de los siglos, muchas expresiones han tomado cuerpo en el mundo cristiano; provocando, sino un alejamiento en la mayoría por incredulidad, un sentido de frustración en muchos otros.

Una de dichas expresiones es la siguiente:

*"La Biblia tiene **dos** formas de interpretarse y ambas, aunque se contradigan entre sí, concuerdan con lo que está escrito en ella".*

Esta expresión es mayormente usada por personas que analizan la Biblia tratando de entender los OPUESTOS puntos de vista **Calvinistas** o **Arminianos**, los cuales exponemos brevemente a continuación:

Breve descripción de los 5 puntos Del Calvinismo y los 5 puntos Del Arminianismo

PRIMER PUNTO

CALVINISMO:

Depravación Total o Inhabilidad Total.

Debido a la caída, el hombre es incapaz él mismo de creer en el evangelio de la salvación. El pecador está muerto, ciego y sordo de las cosas de Dios. Su corazón es engañoso y desesperadamente corrupto.

Su voluntad no es libre sino que está atada a su naturaleza maligna; por lo tanto, él no podrá elegir algo bueno de lo malo, en el ámbito espiritual.

En consecuencia, toma mucho más que la sola asistencia del Espíritu Santo para traer un pecador a Cristo.

Debe darse la regeneración, mediante la cual el Espíritu Santo hace que el pecador viva y le da nueva naturaleza. La fe no es algo con lo que el hombre contribuye para su salvación; sino que es más bien parte del regalo mismo de la salvación.

ARMINIANISMO:

Habilidad humana, Voluntad propia o Libre Albedrío.

Aunque la naturaleza humana fue seriamente afectada por la caída, el hombre no ha sido dejado en un estado de abandono espiritual total.

Dios capacita graciosamente a cada pecador para que pueda arrepentirse y creer, pero Él no interfiere con la libertad del hombre. Cada pecador posee una voluntad libre y su destino eterno depende de cómo la use.

La libertad del hombre consiste en su habilidad de elegir lo bueno sobre lo malo, en materia espiritual.

Su voluntad no está esclavizada a su naturaleza pecaminosa. El pecador tiene el poder para cooperar con el Espíritu Santo y ser regenerado, o puede resistir la gracia de Dios y perecer.

El pecador perdido necesita la asistencia del Espíritu Santo, pero no tiene que ser regenerado **antes** de que pueda creer; sino que el Espíritu Santo comienza un trabajo de regeneración, perfeccionamiento y santificación **después** que el pecador le entrega su vida a Dios.

La fe es la contribución del hombre para su salvación.

SEGUNDO PUNTO.

CALVINISMO:

Elección Incondicional.

La elección de Dios para salvación en favor de ciertos individuos, desde antes de la fundación del mundo, descansó solamente en Su propia y soberana voluntad.

Su elección de algunos pecadores particulares no estuvo basada en que conoció de antemano ninguna respuesta u obediencia de parte del pecador; sino por el contrario, Dios le da la fe y el arrepentimiento a cada persona que Él ya ha elegido.

Estos actos son solo el resultado, no la causa, de la elección de Dios.

La elección, por lo tanto, no fue determinada ni condicionada por ninguna cualidad virtuosa ni por ninguna acción prevista por Dios en ningún hombre. Dios, a través del poder del Espíritu Santo, hace que todas aquellas personas a las que Él soberanamente ha elegido, reciban a Cristo.

ARMINIANISMO:

Elección Condicional.

La elección que Dios ha hecho de ciertos individuos para la salvación, desde antes de la fundación del mundo, ha sido basada en la presciencia de Dios, al conocer cómo ellos responderían al llamado al arrepentimiento.

Dios eligió solamente a aquellos a quienes Él sabía que libremente elegirían creer en el evangelio y recibir a Cristo. La elección, por lo tanto, fue determinada y condicionada por lo que el hombre haría.

Por lo tanto, la elección que el pecador hace por Cristo y no la elección que Dios hace por el pecador, es la causa última de la salvación.

TERCER PUNTO

CALVINISMO:

Expiación Limitada o Redención Particular.

El trabajo de redención que Cristo ha realizado tuvo la intención de salvar solamente a aquellas personas que Dios había elegido salvar y por lo tanto ha asegurado la salvación para todos ellos.

La muerte expiatoria de Cristo fue solamente para pagar el precio del pecado de ciertos pecadores.

Además de poner aparte el pecado de Su gente, la redención de Cristo aseguró todo lo necesario para que sean salvos, incluyendo la fe que los uniría a Él.

El don de la fe es aplicado infaliblemente por el Espíritu Santo a todos aquellos elegidos y por los cuales Cristo murió; y les garantiza por ende, su salvación.

ARMINIANISMO:

Expiación General o Redención Universal.

El trabajo de redención de Cristo ha dado la posibilidad a cada ser humano de ser salvo, pero no le ha asegurado la salvación a nadie. Aunque Cristo murió por todos y cada uno de los hombres, solamente aquellos que creen en Él serán salvos.

Su muerte ha permitido que Dios le perdone los pecados a cualquier pecador, con la condición de que crean en Cristo. La redención de Cristo viene a ser efectiva solamente si el hombre elige aceptarla.

CUARTO PUNTO

CALVINISMO:

La Gracia Irresistible o el llamado eficaz del Espíritu Santo.

En adición al llamado general para salvación que se hace a todas las personas que escuchan el evangelio, el Espíritu Santo extiende un llamado interior especial a los elegidos, lo que inevitablemente les traerá la salvación. El llamado general (el cual es hecho a todos los hombres, sin distinción) puede ser rechazado; sin embargo, el llamado particular (el cual es hecho solamente a los elegidos), no puede ser rechazado y siempre resulta en la conversión.

A través de este llamado particular, el Espíritu Santo trae los pecadores a Cristo de una manera irresistible.

El Espíritu Santo no está limitado por la voluntad humana ni depende de ningún tipo de cooperación por parte del hombre, para tener éxito en Su trabajo de salvar a los hombres.

El Espíritu Santo, graciosamente, hace que los pecadores elegidos cooperen, crean, se arrepientan y vengan libre y voluntariamente, a Cristo. La gracia de Dios es invencible. Nunca falla en traer la salvación a aquellos a quienes Dios se las ha extendido.

ARMINIANISMO:

El Espíritu Santo Puede Ser Resistido

El Espíritu Santo le hace un llamado interior a todos los que escuchan la invitación del evangelio; pero como el hombre tiene libertad para elegir, puede resistir el llamado que el Espíritu Santo le hace.

El Espíritu Santo no puede regenerar al pecador hasta que éste cree. La fe (la cual es la contribución del hombre), precede y hace posible el nuevo nacimiento.

Por lo tanto, la libre voluntad del hombre limita al Espíritu Santo en la aplicación del trabajo salvador de Cristo. El Espíritu Santo solamente puede rescatar a aquellos que se lo permiten. Mientras el pecador no responda adecuadamente, el Espíritu Santo no le puede dar vida. La gracia de Dios, por lo tanto, no es invencible. Puede ser, y con frecuencia lo es, resistida y frustrada por el hombre.

QUINTO PUNTO

CALVINISMO:

La Perseverancia de los Santos.

Todos aquellos que han sido elegidos por Dios, redimidos por Cristo y han recibido la fe que da el Espíritu Santo, son eternamente salvos. Son mantenidos en la fe por el poder de Dios y todos perseverarán hasta el final.

ARMINIANISMO:

Se Puede Caer de la Gracia.

Todos aquellos que han creído y han sido salvos, pueden perder su salvación si no mantienen la fe en Cristo y perseveran hasta el final.

Relativismo Religioso

Relativismo Religioso

Como podemos apreciar, la discusión sobre la extensión de la Salvación en Cristo ha sido, desafortunadamente, enmarcada en el contexto de dos posiciones polarizadas: **expiación limitada versus expiación ilimitada**.

Típicamente, aquellos en favor de cualquiera de estas dos corrientes teológicas hacen su enfoque bíblico en las porciones de las Escrituras que parece darles a ellos la razón. Vemos con asombro cómo se ha infiltrado en el cristianismo la teoría relativista secular; la cual, por considerar que la moral no existe, dice que *"nada es correcto ni incorrecto sino que todo depende del cristal con que se mira"*.

Es como decir que si tú crees en algo y tu conciencia no te acusa, eso está correcto para ti aunque para otra persona que tenga una opinión diametralmente contraria a la tuya, si cree algo y su conciencia no le acusa tampoco, entonces eso también estaría correcto.

Esta manera de pensar no está bien; pues está claro que la verdad es una sola, inviolable e indestructible; y no debe haber confusión en cuanto a la misma. La verdad es Jesucristo mismo y Él es el único que puede revelar los misterios de la vida. Estamos 100% seguros que Dios ha dado la revelación de la verdad a toda la humanidad.

La Biblia declara que:

> *"Las cosas secretas pertenecen a Jehová nuestro Dios; mas las reveladas son para nosotros y para nuestros hijos para siempre para que cumplamos todas las palabras de esta ley"*
> (Deuteronomio 29:29)

Y también:

> *"Mi pueblo fue destruido porque le faltó conocimiento"*
> *(Oseas 4:6)*

Por decirlo así, los que han sido enseñados bajo la forma de pensamiento *calvinista* creen que ellos forman parte de un grupo de elegidos por Dios y que no importa lo que hagan o dejen de hacer, el cielo está asegurado para ellos; por otro lado, los que son enseñados en la corriente *arminiana* creen que nadie está seguro de ir al cielo porque depende de si uno se mantiene o no en santidad y sin caídas (en el pecado).

Cuando una persona viene a los pies del Señor y recibe la gracia de la salvación, normalmente dicha persona es instruida en alguna iglesia y en poco tiempo comenzará a reflejar en sus acciones, manera de hablar, etc., la corriente en la cual está siendo cristianamente "adoctrinada".

Cuando el ciudadano común analiza lo que es la vida y se hace preguntas sobre su porvenir desde que parta de esta tierra, normalmente buscará orientarse en el mundo de la religión y tarde o temprano se verá sumergido en un mar de opiniones y creencias contradictorias.

Encontrará que hay tantas religiones y sectas que quedará inquieto sobre quién realmente conoce y practica la verdad *(Y hasta llegará a preguntarse si realmente existe la verdad absoluta)*

Normalmente, en el mundo cristiano todos hablamos de Cristo y de su obra redentora; sin embargo, hay muchas acusaciones entre unos y otros (porque depende de la manera en que comprende o le hayan enseñado las Escrituras); y en vez de mostrar al mundo el amor, la unidad y la paz, confundimos a los que recurren a las iglesias en busca de respuestas.

Aunque predicamos a Jesús, no vivimos de acuerdo a las palabras de Jesús; por lo que es para nosotros también la pregunta que el Señor hizo en una ocasión:

*¿Por qué me llamáis, Señor, Señor, **y no hacéis** lo que yo digo?*
(Lucas 6:46)

¿Qué haremos?

Lo primero y más fundamental, es regresar a la Palabra. Debemos saber por qué no caminamos como Dios quiere y debemos hacer los ajustes necesarios.

¿Qué nos habrán dicho y creímos, que no es respaldado por la Palabra de Dios?

¿Lo creímos solo porque la persona que lo dijo era muy influyente, importante o instruida?

¿Mantendremos, o no, nuestra fidelidad a la Palabra de Dios?

Recordemos lo que nos dice el apóstol Pablo:

> *"Pero el hombre natural no percibe las cosas que son del Espíritu de Dios, porque para él son locura, y no las puede entender, porque se han de discernir espiritualmente. En cambio el espiritual juzga todas las cosas; pero él no es juzgado de nadie."* (1 Corintios 2: 14-15)

Debemos ser muy cautelosos al estudiar la Biblia y es muy importante que busquemos el **balance escritural** de Dios en cualquier doctrina.

Esto ayudará a evitar los extremos que normalmente lo que hacen es traer frustración a los creyentes en lugar de edificación, en su caminar con Dios.

Aprendamos a mirar la Biblia COMO UN TODO y no nos detengamos solo en una porción (principalmente cuando la revelación no es muy clara o es ambigua).

Dios quiere que todos vengamos al conocimiento de toda la verdad.

El rey David decía:

"Venid, hijos, oídme; El temor de Jehová os enseñaré. ¿Quién es el hombre que desea vida, Que desea muchos días para ver el bien?

Guarda tu lengua del mal, Y tus labios de hablar engaño. Apártate del mal, y haz el bien; Busca la paz, y síguela"
(Salmo 34: 11-14)

El Señor me ha mostrado que a lo que el mundo está llamando "Era post-cristiana", Él le llama:

"Era de Renovación Del Cristianismo"

Dando a entender que aún le esperan tiempos gloriosos a la iglesia de Dios en la tierra.
Oro al Señor que todos los creyentes podamos ser parte de este mover de Dios sobre toda la faz de la tierra.

Una Palabra Clave

En el evangelio de Juan hay una palabra que puede traer gran luz a nuestro entendimiento.

Jesús dijo:

"Yo soy el camino, y la verdad, y la vida; nadie viene al Padre, sino por mí" (Juan 14:6)

La palabra clave que aquí queremos analizar es: **"POR"** (Gr. *"dia"*)

Esta palabra tiene doble significado. Por un lado significa **"por medio de"** o **"a través de"**; y por el otro significa **"por causa de"** o "por lo que ha sido hecho".

Comprobaremos que **ambos** significados son válidos en la obra redentora de Jesús.

Normalmente escuchamos o pensamos como válido solo el **primer significado.**

Tradicionalmente entendemos que Jesús *dijo "nadie viene al Padre **sino es a través o por medio** de mí".*

Es con esa interpretación que comienzan las inquietudes cuando queremos saber qué provisión tuvo Dios para las personas que viven en algún lugar remoto del planeta, y que nunca nadie les habla de Cristo.

Ellos viven una vida "normal" según la cultura en la que son criados; sin embargo, **¿cómo podrían ir al cielo si murieron sin que nadie les hablara nunca de Cristo?**

Démonos cuenta que si analizáramos el versículo con el **segundo significado** de la palabra "por", podríamos interpretarlo así: *"nadie viene al Padre **sino por causa** de mí".*

En otras palabras, Jesús nos dice que si Él no hubiera culminado con éxito su misión de redención de la humanidad, nadie hubiera podido entrar al cielo, nunca.
Ni siquiera el rey David, ni tampoco Abraham.

Jesús dijo en aquel tiempo que los justos estaban esperando en el **"Seno de Abraham"** (Lucas 16:22) y no podían subir al cielo a menos que Jesús venciera a Satanás y restaurara entonces todas las cosas.

Analicemos lo que sucedió: >>>

ADÁN	CRISTO
No existía (Gén. 2:5);	Eternamente existía (Jn 1:1)
Fue hecho del polvo (Gén. 2:7) Y se le dio el reinado (Gén. 1:28; 2:19)	Siendo en forma de Dios, se despojó a sí mismo; tomó forma de siervo y se humilló a sí mismo (Filip. 2: 6-8)
Vivió en un paraíso, sin necesidades, sin presiones, sin ataques (Gén. 2: 15-16);	Vivió en una época muy peligrosa; sufrió violencia y persecución (desde que ingresó al vientre de su madre hubo amenazas de muerte contra Él).
Y con todo, se dejó vencer por el maligno y desobedeció	Con todo, se mantuvo obediente hasta la hora de su muerte, y muerte de cruz.
En medio de la abundancia, lo perdió todo (Gén. 3: 23-24)	En la ignominiosa cruz ganó la redención de todo lo que Adán había perdido; derrotó a Satanás y a toda fuerza del mal (Colos. 2:15)

También nos dice la Palabra que, durante el tiempo que el cuerpo de Jesús estuvo en la tumba, el Señor **"fue y predicó a los espíritus encarcelados"** *(1 Pedro 3:19);*

Y en Efesios 4 nos declara:

"Por lo cual dice: Subiendo a lo alto, llevó cautiva la cautividad, y dio dones a los hombres…" (Efesios 4: 8-10)

Todos aquellos que murieron con la esperanza de que Dios sería fiel a Su promesa, ya no están en el Seno de Abraham: **¡Jesús los llevó al cielo!**

La Biblia nos enseña también que a Jesús, por lo que hizo y logró:

*"**Dios le exaltó hasta lo sumo, y le dio un nombre que es sobre todo nombre**, para que en el nombre de Jesús se doble toda rodilla de los que están en los cielos, y en la tierra, y debajo de la tierra; y toda lengua confiese que Jesucristo es el Señor, para gloria de Dios Padre"* (Filipenses 2: 9-11)

*"Quien (Jesús) habiendo subido al cielo está a la diestra de Dios; y **a Él están sujetos ángeles, autoridades y potestades**"* (1 Pedro 3:22)

*"Y uno de los ancianos me dijo: No llores. He aquí que el León de la tribu de Judá, la raíz de David, **ha vencido** para abrir el libro y desatar sus siete sellos…"*
*"… Y a todo lo creado que está en el cielo, y sobre la tierra, y debajo de la tierra, y en el mar, y a todas las cosas que en ellos hay, oí decir: **Al que está sentado en el trono, y al Cordero**, sea la alabanza, la honra, la gloria y el poder, por los siglos de los siglos. Los cuatro seres vivientes decían: Amén;*

Y los veinticuatro ancianos se postraron sobre sus rostros y adoraron al que vive por los siglos de los siglos."
(Apocalipsis 5: 5-14)

En la Biblia encontramos un versículo que contiene una gran revelación y nos da a entender que **en los cielos también había algo pendiente,** que necesitaba ser reconciliado; y que fue logrado cuando Jesús murió en la cruz.

Nos dice:

"y por medio de Él (Cristo) **reconciliar** *consigo todas las cosas, así las que están en la tierra como las que **están en los cielos,** haciendo la paz mediante la sangre de su cruz"*
(Colosenses 1:20)

¿QUÉ ERA AQUELLO?

La Biblia declara que una vez hubo una rebelión en el cielo y que el promotor fue, nada más y nada menos que Satanás, quien era un querubín **"perfecto en todos sus caminos desde el día que fue creado, hasta que se halló en él maldad"** (Ezequiel 28:15) y que fue echado fuera del cielo.

Isaías dice lo siguiente:

"Mas tú derribado eres hasta el Seol, a los lados del abismo" (Isaías 14:15)

A CONTINUACIÓN, LOS PASAJES QUE HABLAN DE ESTE ACONTECIMIENTO, EN **EZEQUIEL 28** Y EN **ISAÍAS 14:**

Ezequiel 28: 12b – 19

"Así ha dicho Jehová el Señor: Tú eras el sello de la perfección, lleno de sabiduría, y acabado de hermosura.

En Edén, en el huerto de Dios estuviste; de toda piedra preciosa era tu vestidura; de cornerina, topacio, jaspe, crisólito, berilo y ónice; de zafiro, carbunclo, esmeralda y oro; los primores de tus tamboriles y flautas estuvieron preparados para ti en el día de tu creación.

Tú, querubín grande, protector, yo te puse en el santo monte de Dios, allí estuviste; en medio de las piedras de fuego te paseabas. Perfecto eras en todos tus caminos desde el día que fuiste creado, hasta que se halló en ti maldad.

A causa de la multitud de tus contrataciones fuiste lleno de iniquidad, y pecaste; por lo que yo te eché del monte de Dios, y te arrojé de entre las piedras del fuego, oh querubín protector.

Se enalteció tu corazón a causa de tu hermosura, corrompiste tu sabiduría a causa de tu esplendor; yo te arrojaré por tierra; delante de los reyes te pondré para que miren en ti.

Con la multitud de tus maldades y con la iniquidad de tus contrataciones profanaste tu santuario; yo, pues, saqué fuego de en medio de ti, el cual te consumió, y te puse en ceniza sobre la tierra a los ojos de todos los que te miran. Todos los que te conocieron de entre los pueblos se maravillarán sobre ti; espanto serás, y para siempre dejarás de ser."

Isaías 14: 12-15

"¡Cómo caíste del cielo, oh Lucero, hijo de la mañana! Cortado fuiste por tierra, tú que debilitabas a las naciones. Tú que decías en tu corazón: Subiré al cielo; en lo alto, junto a las estrellas de Dios, levantaré mi trono, y en el monte del testimonio me sentaré, a los lados del norte; sobre las alturas de las nubes subiré, y seré semejante al Altísimo. Mas tú derribado eres hasta el Seol, a los lados del abismo."

Cuando Jesús venció en la cruz, en los cielos hubo una paz extraordinaria. El sabor de la acción que Dios determinó contra Lucifer dejó de parecer injusta o muy estricta.

37

Ahora se conocía que Dios actuó en justicia perfecta.
Jesús demostró que es posible ser obediente a Dios siempre, aún en los momentos más terribles.

Jesús, con su obediencia perfecta, restauró el verdadero sentido de la justicia de Dios.

Lucifer desobedeció y se rebeló; Adán desobedeció y pecó.

Jesús siempre fue obediente y conquistó.

¡LA OBEDIENCIA TRAE
LA VICTORIA Y LA PAZ!

Creer, Confiar y Obedecer deben ser palabras marcadas en nuestras vidas.

En el próximo capítulo estaremos analizando una doctrina central que trata de explicar el por qué los seres humanos desobedecemos y pecamos.

"El Pecado Original".

Una Doctrina Que Afectó La Historia

"El Pecado Original". Una Doctrina Que Afectó La Historia

Procedamos a analizar un tema que ha **sido la base para traer gran confusión** en el mundo cristiano y, por demás está decir, muchas almas no vienen a Cristo y reciben la gracia de Dios por lo que dice esa teología.

Hablaremos de lo que ha sido aceptado en el cristianismo como la **"Doctrina del Pecado Original"**.

ASÍ HA SIDO DEFINIDA DICHA DOCTRINA:

<< El pecado original. Esto incluye culpa y contaminación. La culpa del pecado de Adán se imputa a nosotros. Porque él pecó como nuestro representante, nosotros somos culpables en él. Es más, nosotros también heredamos su contaminación y ahora tenemos una disposición positiva hacia el pecado. El hombre es totalmente depravado por naturaleza." >>[ii]

<< Nosotros creemos que a través de la desobediencia de Adán, el pecado original se extiende a toda la humanidad; el cual es una corrupción de la naturaleza entera y una enfermedad hereditaria tal que incluso los infantes en el útero de su madre se infectan; y que produce en el hombre todas las clases de pecado, estando en él como una raíz, y por consiguiente es tan vil y abominable en la vista de Dios que eso es suficiente para condenar toda la humanidad. >>[iii]

<< También se enseña entre nosotros que desde la caída de Adán se conciben en pecado todos los hombres que nacen según el curso de la naturaleza. Es decir, todos los hombres están llenos de lujuria e inclinados al mal desde el útero de su madre y son incapaces de tener verdadero temor de Dios y la verdadera fe en Dios.

Es más, esta enfermedad innata y este pecado hereditario es en verdad pecado y condena a la ira eterna de Dios a todos aquellos que no nacen de nuevo a través del bautismo y del Espíritu Santo. >>[iv]

La Biblia nos enseña en el libro de los Romanos:

*"Por tanto, **como el pecado entró en el mundo por un hombre**, y por el pecado la muerte, así la muerte pasó a todos los hombres, por cuanto todos pecaron".*

*"Pues si por la trasgresión de uno solo reinó la muerte, **mucho más reinarán en vida por uno solo, Jesucristo**, los que reciben la abundancia de la gracia y del don de la justicia"*

*"Así que, como por la trasgresión de uno vino la condenación a todos los hombres, de la misma manera **por la justicia de uno vino a todos los hombres la justificación de vida**"*

"Porque así como por la desobediencia de un hombre los muchos fueron constituidos pecadores, así también por la obediencia de uno, los muchos serán constituidos justos."
(Romanos 5: 12, 17-19)

Es interesante ver que EN EL MISMO CAPÍTULO de donde sale principalmente el sentido de la doctrina del pecado original (v.12), la Biblia dice que por los méritos de Cristo, la justificación de vida está ahora disponible para todos los hombres (v.18), con tal que reciban la gracia y el perdón de Dios.

"Y el Espíritu y la Esposa dicen: Ven. Y el que oye, diga: Ven. Y el que tiene sed, venga; y el que quiera, tome del agua de la vida gratuitamente" (Apocalipsis 22:17)

Los que enseñan la doctrina del pecado original dan a entender (quizás sin saberlo), que es más significativo y poderoso el **pecado** de Adán que el **triunfo** de Cristo.

Durante mucho tiempo nos han enseñado que el pecado de Adán contaminó a toda la raza humana y que desde el nacimiento estamos manchados con dicho pecado. Sin embargo, la Biblia declara que **Jesús quitó los efectos del pecado de Adán** que pesaban sobre la humanidad:

"Cristo nos redimió de la maldición de la ley, hecho por nosotros maldición (porque está escrito: Maldito todo el que es colgado en un madero" (Gálatas 3:13)

También nos dice la Palabra:

*"Y a vosotros, estando muertos en pecados y en la incircuncisión de vuestra carne, **os dio vida** juntamente con Él, perdonándoos todos los pecados, **anulando el acta** de los decretos que había contra nosotros, que nos era contraria, quitándola de en medio y clavándola en la cruz, y despojando a los principados y a las potestades, los exhibió públicamente, triunfando sobre ellos en la cruz"* (Colosenses 2: 13-15)

¿Cómo Empezó Todo?

Veamos una porción de la Historia, según algunas fuentes confiables:

<< "Era la fe universal de la iglesia que el hombre era hecho a la imagen de Dios, puro y santo; y que cayó por su propia culpa. Pero la magnitud del pecado y las consecuencias de la caída no se discutieron totalmente antes de la controversia de Pelagio-Agustín en el quinto siglo." >> [v]

<< "En la historia de la humanidad, la teología de la depravación se ha interpretado como proveniente de Adán. Agustín (354-430 d. C.) acreditado con formular el concepto del pecado original, sostuvo que la caída de Adán corrompió al hombre, haciendo a la raza humana una masa de pecado; y que el hombre heredó ambos: La tendencia a pecar y la culpa, porque en el pecado de Adán, la raza entera pecó" >> [vi]

<< "Pelagio (370-440AD) rechazando los argumentos de aquellos que declaraban que ellos pecaron debido a la debilidad humana, insistió que Dios hizo a los seres humanos libres para escoger entre lo bueno y lo malo; y que el pecado era un acto de la voluntad. Celestius, un discípulo de Pelagio, negó la doctrina de la iglesia del pecado original y la necesidad del Bautismo infantil"

"Pelagio culpó la debilidad moral de Roma en la doctrina de gracia divina (como era enseñada por Agustín). Él atacó esta enseñanza en los lugares donde se ponía en peligro la ley moral. Él razonó que si un hombre no fuera responsable de sus hechos buenos y malos, nada podría refrenarlo de la indulgencia en el pecado. Pronto Pelagio ganó un considerable número de seguidores en Roma" >> [vii]

<< Calvino enseñó con precisión el concepto correcto del hombre antes de la caída: "El hombre, en su estado de inocencia, tenía la libertad y la voluntad para querer y hacer lo

que es bueno y agradable a Dios" "Dios ha dotado al hombre con esa libertad natural y el poder para actuar de acuerdo a lo que eligiera, de manera que ni era forzado ni había ninguna necesidad natural que lo obligara a hacer lo bueno o lo malo".
>>[viii]

Cuando ANALIZAMOS las Escrituras, encontramos que:

Adán y Eva fueron creados en estado de inocencia y **eran buenos** *(Génesis 1: 27, 31)*

La Palabra de Dios nos enseña que hay un tiempo en la vida de una persona, cuando no está capacitado aún para elegir entre el bien y el mal *(Deuteronomio 1:39)* Y no saben **desechar lo malo y escoger lo bueno** *(Isaías 7: 15-16)*

El pecado cometido personalmente es lo que separa de Dios a la persona que lo cometió *(Isaías 59: 1-2)*

Dios nos asegura que las consecuencias espirituales que vienen por el pecar, recaerán sobre la persona que cometió el pecado. Él dijo: **"El alma que pecare, ésa morirá"** *(Ezequiel 18: 2-4, 20)*

Dios juzgará a cada persona de acuerdo a las palabras ociosas que diga y por sus propias acciones *(Mateo 12: 36-37; Romanos 2:6; 2 Corintios 5:10; Apocalipsis 20: 12-15)*

- Cristo Jesús pagó el precio que Dios exigía para poder quitar el pecado de Adán *(Romanos 5: 15-21; Hebreos 9)*

- Él es el segundo Adán *(1 Corintios 15: 45-49)* que vino del cielo a restaurar lo que el primer Adán había perdido *(Mateo 18:11),*

- Y nos redimió de la maldición *(Gálatas 3:13)*

Jesús usó a los niños como modelo de humildad *(Mateo 18: 2-4)* Jesús también dijo que el reino de los cielos es de los niños *(Marcos 10: 14-15   )*

El apóstol Pablo usa a los niños como modelo de pureza
(1 Corintios 14:20)

Es un hecho que ni Jesús ni los primeros cristianos creían ni enseñaban que los niños recién nacidos venían a este mundo siendo ya pecadores, merecedores del infierno; sino que dicha doctrina fue introducida en el **siglo V** de nuestra era.

Por lo tanto, deberíamos creer y entender que en los anteriores versículos **LA BIBLIA NOS ESTÁ DICIENDO**:

- La naturaleza del libre albedrío del hombre no cambió cuando Adán y Eva pecaron, sino que son lo mismo hoy;

- Que todos los seres humanos **nacen** en un estado de **inocencia**, al igual que sucedió con Adán en el huerto del Edén (significando que **ningún bebé que muere va al infierno sino al cielo**); y

- Que cuando la persona, después que tiene capacidad para discernir entre el bien y el mal, ejerciendo su libre albedrío toma la opción de desobedecer a Dios y se corrompe, sufre la muerte espiritual; hasta que se arrepienta y reciba, también voluntariamente, la gracia del perdón y justificación de Dios a través de Cristo Jesús".

El Caso del Rey David

El Caso del Rey David

Cuando leemos el Salmo 51, podríamos estar **predispuestos** a creer que David dice que él pecó antes de nacer (al ser concebido); sin embargo, al analizar la situación, logramos tener un entendimiento superior sobre lo que él está hablando

Él dijo: *"He aquí, en maldad he sido formado, Y en pecado me concibió mi madre"* (Salmo 51:5)

Veremos que David se está refiriendo al pecado de su madre y no a ningún pecado que él haya cometido por el hecho de nacer.

HE AQUÍ ALGUNOS VERSÍCULOS CLAVES:

1º Crónicas 2: 13-17

*"**Isaí engendró a** Eliab su primogénito, el segundo Abinadab, Simea el tercero, el cuarto Natanael, el quinto Radai, el sexto Ozem, el séptimo **David**, de los cuales **Sarvia y Abigail fueron hermanas**.*
Los hijos de Sarvia fueron tres: Abisai, Joab y Asael. Abigail dio a luz a Amasa, cuyo padre fue Jeter ismaelita"

2º Samuel 17:25

*"Y Absalón nombró a Amasa jefe del ejército en lugar de Joab. Amasa era hijo de un varón de Israel llamado Itra, el cual se había llegado a **Abigail hija de Nahas**, hermana de **Sarvia** madre de Joab."*

1º Samuel 12:12

*"Y habiendo visto que **Nahas** rey de los hijos de Amón venía contra vosotros, me dijisteis: No, sino que ha de reinar sobre nosotros un rey; siendo así que Jehová vuestro Dios era vuestro rey."*

En estos anteriores versículos, la Biblia nos dice que el rey amonita **Nahas** tenía dos hijas llamadas **Abigail** y **Sarvia**; y que al mismo tiempo, ellas eran hermanas de David (pero el padre de David no era Nahas, sino Isaí)

Lo que estos versículos nos declaran, por lo tanto, es que **la madre de David era mujer del rey Nahas** y que cometió adulterio con Isaí; y como *Fruto de dicha relación, Nació David.*

Esto nos aclara mejor el por qué Isaí no quiso presentar a David a Samuel (1° Samuel 16: 1-13), cuando éste fue a su casa a ungir uno de sus hijos como el futuro rey de Israel:

"E hizo pasar Isaí siete hijos suyos delante de Samuel; pero Samuel dijo a Isaí: Jehová no ha elegido a éstos. Entonces dijo Samuel a Isaí: ¿Son éstos todos tus hijos? Y él respondió: Queda aún el menor, que apacienta las ovejas. Y dijo Samuel a Isaí: Envía por él, porque no nos sentaremos a la mesa hasta que él venga aquí.

Envió, pues, por él, y le hizo entrar; y era rubio, hermoso de ojos, y de buen parecer. Entonces Jehová dijo: Levántate y úngelo, porque éste es. Y Samuel tomó el cuerno del aceite, y lo ungió en medio de sus hermanos; y desde aquel día en adelante el Espíritu de Jehová vino sobre David. Se levantó luego Samuel, y se volvió a Ramá." (1° Samuel 16:10-13)

También nos aclara mejor el por qué los hermanos de David lo menospreciaban:

"Y David era hijo de aquel hombre efrateo de Belén de Judá, cuyo nombre era Isaí, el cual tenía **ocho** *hijos; y en el tiempo de Saúl este hombre era viejo y de gran edad entre los hombres. Y los tres hijos mayores de Isaí habían ido para seguir a Saúl a la guerra. Y los nombres de sus tres hijos que habían ido a la guerra eran: Eliab el primogénito, el segundo Abinadab, y el tercero Sama; y* **David era el menor.** *Siguieron, pues, los tres mayores a Saúl."* (1° Samuel 17: 12-14)

"Y oyéndole hablar Eliab su hermano mayor con aquellos hombres, se encendió en ira contra David y dijo: ¿Para qué has descendido acá? ¿Y a quién has dejado aquellas pocas ovejas en el desierto? Yo conozco tu soberbia y la malicia de tu corazón, que para ver la batalla has venido." (1° Samuel 17:28).

También podemos entender mejor el por qué David no nombró a ninguno de sus hermanos como jefe de su ejército, sino a los hijos de sus hermanas;

Y también por qué el rey Nahas tenía un especial aprecio por David y le había *"mostrado misericordia"*.

La Biblia nos dice que cuando David huía de Absalón, el rey Nahas había enviado a Sobi su hijo, para mostrarle misericordia en ese momento tan difícil que David estaba pasando.

Así nos narra la Escritura Sagrada:

"Y acampó Israel con Absalón en tierra de Galaad. Luego que David llegó a Mahanaim, Sobi hijo de Nahas, de Rabá de los hijos de Amón, Maquir hijo de Amiel, de Lodebar, y Barzilai galaadita de Rogelim, trajeron a David y al pueblo que estaba con él, camas, tazas, vasijas de barro, trigo, cebada, harina, grano tostado, habas, lentejas, garbanzos tostados, miel, manteca, ovejas, y quesos de vaca, para que comiesen; porque decían: El pueblo está hambriento y cansado y sediento en el desierto."
(2º Samuel 17: 26-29)

"Después de estas cosas aconteció que murió Nahas rey de los hijos de Amón, y reinó en su lugar su hijo.

Y dijo David: Manifestaré misericordia con Hanún hijo de Nahas, porque también su padre me mostró misericordia. Así David envió embajadores que lo consolasen de la muerte de su padre..." (1º Crónicas 19: 1-2)

ALGO MÁS,
La Biblia nos enseña que David no eligió a ninguno de sus hermanos, hijos de su padre Isaí, para que desempeñaran ningún cargo importante a su lado, en el palacio del rey. Sin embargo, no dejó de mostrar misericordia a todos ellos, y los puso como encargados *"de todas las cosas de Dios y los negocios del rey"*, sobre los rubenitas y los gaditas *(1º Crónicas 26:32)*

Un último detalle que analizaremos en este tema del rey David. Si la Biblia revela en 1° Crónicas 2:13-17, los nombres de seis hermanos de David [Eliab, Abinadab, Simea *(es el mismo llamado Sama en 1° Samuel 17:13)* Natanael, Radai y Ozem]; y también nos dice en 1° Samuel 17:12 que Isaí tenía 8 hijos entonces:

¿Quién era el octavo hijo de Isaí?

En ese primer libro de Crónicas se nos habla de **Eliú**, de Judá, quien era *"uno de los hermanos de David"*...
(1° Crónicas 27:18).

Este hermano era el único de los hijos de Isaí, a quien David tenía como parte del grupo de oficiales cercanos al rey:

"Éstos son los principales de los hijos de Israel, jefes de familias, jefes de millares y de centenas, y oficiales que servían al rey en todos los negocios de las divisiones que entraban y salían cada mes durante todo el año..." (1° Crónicas 27:1)

El Señor Jesús nos dice:

"Escudriñad las Escrituras" *(Juan 5:39)*

Y es precisamente eso lo que seguiremos haciendo en el desarrollo de este libro.

Relación entre la Omnisciencia de Dios y la voluntad de sus criaturas

Muchas personas que no conocen ni entienden a Dios, se confunden al ver el desenlace de la historia humana desde la creación del hombre hasta nuestros días; y se formulan muchas preguntas.

Saben que Dios es Eterno y Omnipotente:

"Aun antes que hubiera día, yo era; y no hay quien de mi mano libre. Lo que hago yo, ¿quién lo estorbará?" (Isaías 43:13)

"...No hay Dios sino yo. No hay Fuerte; no conozco ninguno..."
(Isaías 44:8)

"¡Oh Señor Jehová! he aquí que tú hiciste el cielo y la tierra con tu gran poder, y con tu brazo extendido, ni hay nada que sea difícil para ti" (Jeremías 32:17)

La Biblia dice también que Dios es Omnisciente; que escudriña la mente, conoce los pensamientos y aun la intención de ellos, en todos los seres humanos, al mismo tiempo (Jeremías 17:10);

Dice que no está aun la palabra en nuestra lengua y ya Él sabe lo que vamos a decir (Salmo 139:4);

Conoce el estado espiritual en que se encuentra cada ser humano y lo que se necesita para que venga al camino de salvación; conoce todo lo que existe en la tierra (Job 38, 39, 40, 41); conoce todo lo que hay en el sistema solar, en nuestra galaxia, en los billones de galaxias que Él creó; ¡Nada escapa a su conocimiento! ...

Algunas preguntas inquietantes

Si Dios todo lo sabe, todo lo puede, es grande en misericordia y bondad, y en Su Palabra dice que no quiere la muerte del impío sino que viva: *["Porque no quiero la muerte del que muere, dice Jehová el Señor; convertíos, pues, y viviréis"* (Ezequiel 18:32)]

Entonces,

- ¿Por qué no actúa más intensamente a favor de aquellos que están perdidos, para no tener que condenarlos al castigo eterno?

Si Dios sabía que Satanás provocaría tanto daño a Su creación en la tierra, entonces:

- ¿Por qué Dios creó a Satanás?
- ¿Por qué lo creó con la capacidad de volverse orgulloso?
- ¿Por qué no lo hizo incapaz de pecar?

Cuando destituyó a Satanás de su posición en el cielo:

- ¿Por qué lo envió a la tierra y no a otro lugar del universo?

Por otro lado, si Satanás tenía que ser enviado a la tierra;

- ¿Por qué no hizo al ser humano más fuerte que a Satanás?
- ¿Por qué no creó a Adán y a Eva siendo incapaces de desobedecer?

Si Satanás no hubiera tenido acceso al Jardín del Edén cuando Adán y Eva estaban allí, el pecado nunca habría entrado a la tierra; y la raza humana seguiría siendo limpia y pura delante de su Creador. Nunca hubiéramos tenido que preocuparnos con tener que enfrentar a un ser espiritual rebelde.

Aun más, si no hubiera habido prohibición, Satanás no hubiera tenido ninguna manera de tentar a los seres humanos; y por lo tanto, ellos no hubieran incurrido en desobediencia.

Entonces:

- ¿Por qué prohibió a Adán y Eva comer de uno de los árboles del Huerto del Edén? …

… Hay muchas otras preguntas similares a éstas.

El apóstol Pablo, al hacerse ciertas preguntas sobre la soberanía de Dios, decía:

"Como está escrito: A Jacob amé, mas a Esaú aborrecí.

¿Qué, pues, diremos? ¿Que hay injusticia en Dios? En ninguna manera. Pues a Moisés dice: Tendré misericordia del que yo tenga misericordia, y me compadeceré del que yo me compadezca. Así que no depende del que quiere, ni del que corre, sino de Dios que tiene misericordia. Porque la Escritura dice a Faraón: Para esto mismo te he levantado, para mostrar en ti mi poder, y para que mi nombre sea anunciado por toda la tierra.

De manera que de quien quiere, tiene misericordia, y al que quiere endurecer, endurece. <u>Pero me dirás: ¿Por qué, pues, inculpa? porque ¿quién ha resistido a su voluntad?</u>

Mas antes, oh hombre, ¿quién eres tú, para que alterques con Dios? ¿Dirá el vaso de barro al que lo formó: ¿Por qué me has hecho así? ¿O no tiene potestad el alfarero sobre el barro, para hacer de la misma masa un vaso para honra y otro para deshonra?

¿Y qué, si Dios, queriendo mostrar su ira y hacer notorio su poder, soportó con mucha paciencia los vasos de ira preparados para destrucción, y para hacer notorias las riquezas de su gloria, las mostró para con los vasos de misericordia que él preparó de antemano para gloria, a los cuales también ha llamado, esto es, a nosotros, no sólo de los judíos, sino también de los gentiles?"

(Romanos 9: 13-24)

Ahora, si somos sinceros, aun conociendo que la Biblia nos indica que no podemos altercar con Dios, muchas personas quedan con un silencioso y amargo sentir al no quedar satisfechos con la respuesta de Pablo… pues creen que Dios no ha dado otra respuesta a sus inquietudes.

Sin embargo, Dios **sí ha dejado muy claro** que desea que todos tengamos conocimiento de cómo Él actúa.

Él ha dicho:

*"Así dijo Jehová: No se alabe el sabio en su sabiduría, ni en su valentía se alabe el valiente, ni el rico se alabe en sus riquezas. Mas alábese en esto el que se hubiere de alabar: **en entenderme y conocerme,** que yo soy Jehová, que <u>hago misericordia, juicio y justicia en la tierra</u>; porque estas cosas quiero, dice Jehová."*

(Jeremías 9: 23-24)

Es peligroso no conocer a Dios, porque podría venir castigo severo a los que viven desordenadamente, fuera de la voluntad de Dios.

"Oíd palabra de Jehová, hijos de Israel, porque Jehová contiende con los moradores de la tierra; <u>porque no hay verdad, ni misericordia, ni conocimiento de Dios en la tierra.</u>

Perjurar, mentir, matar, hurtar y adulterar prevalecen, y homicidio tras homicidio se suceden. Por lo cual se enlutará la tierra, y se extenuará todo morador de ella...

*... **Mi pueblo fue destruido, porque le faltó conocimiento.** ..."*

(Oseas 4: 1-6)

El hecho de que Dios, en su soberanía, quiso hacer a los seres humanos a Su imagen y semejanza (Génesis 1:26); y que soplara en su nariz **"aliento de vida"** para hacerle una **"alma** *(Hebreo=Nefesh)* **viviente"** (Génesis 2:7); y que nos hiciera *"un poco menor que los ángeles"* (Hebreos 2:7), tiene muchas repercusiones para toda la humanidad.

Nos hizo seres especiales y nos dio una voluntad propia; y Él mismo ha sujetado Su gracia y justicia, al resultado de la voluntad humana. Sabe que tenemos debilidades en nuestra carne; pero Él mismo nos ha dado la fortaleza para vencer.

Sabe que el Tentador busca la caída y desgracia de los seres humanos:

"Sed sobrios, y velad; porque vuestro adversario el diablo, como león rugiente, anda alrededor buscando a quien devorar"
(1 Pedro 5:8),

Y nos ha mostrado Su fidelidad:

"No os ha sobrevenido ninguna tentación que no sea humana; pero fiel es Dios, que no os dejará ser tentados más de lo que podéis resistir, sino que dará también juntamente con la tentación la salida, para que podáis soportar." (1 Corintios 10:13)

"Y me ha dicho: Bástate mi gracia; porque mi poder se perfecciona en la debilidad. Por tanto, de buena gana me gloriaré más bien en mis debilidades, para que repose sobre mí el poder de Cristo." (2ª Corintios 12:9)

En contesta a las preguntas enunciadas anteriormente, yo creo que Dios Sí lo sabe todo; pero que <u>en su soberanía</u>, **decidió abstenerse de conocer lo que harían sus criaturas** a las cuales les dio el privilegio de tener voluntades propias *(los que están en el Cielo y los que están en la tierra);* las ha hecho responsables de sus actos, y algún día les va a juzgar de acuerdo a sus obras.

Es por esto que leemos expresiones de asombro y de expectativa de parte de Dios, cuando conoce la inesperada decisión de alguna persona en contra de Su voluntad; y cuando espera a ver lo que hará toda una nación o alguien en particular, con respecto a algún mensaje que Él, en su misericordia, le envía.

Así, cuando leemos que la Biblia dice:

"Dios no es hombre, para que mienta, Ni hijo de hombre para que se arrepienta. Él dijo, ¿y no hará? Habló, ¿y no lo ejecutará?"
(Números 23:19)

Cuando alguien entonces se pregunta: ¿Por qué habla en otros pasajes, que se arrepintió de algo?

"Y vio Jehová que la maldad de los hombres era mucha en la tierra, y que todo designio de los pensamientos del corazón de ellos era de continuo solamente el mal. Y se arrepintió Jehová de haber hecho hombre en la tierra, y le dolió en su corazón."
(Génesis 6: 5-6)

"Y vio Dios lo que hicieron, que se convirtieron de su mal camino; y se arrepintió del mal que había dicho que les haría, y no lo hizo...

... Y oró a Jehová y dijo: Ahora, oh Jehová, ¿no es esto lo que yo decía estando aún en mi tierra? Por eso me apresuré a huir a Tarsis; porque sabía yo que tú eres Dios clemente y piadoso, tardo en enojarte, y de grande misericordia, y que te arrepientes del mal." (Jonás 3:10, 4:2)

La Palabra nos explica cuándo y por qué Dios se arrepiente de algo:

"En un instante hablaré contra pueblos y contra reinos, para arrancar, y derribar, y destruir. Pero si esos pueblos se convirtieren de su maldad contra la cual hablé, yo me arrepentiré del mal que había pensado hacerles, y en un instante hablaré de la gente y del reino, para edificar y para plantar.

Pero si hiciere lo malo delante de mis ojos, no oyendo mi voz, me arrepentiré del bien que había determinado hacerle."
(Jeremías 18: 7-10)

"En el principio del reinado de Joacim hijo de Josías, rey de Judá, vino esta palabra de Jehová, diciendo: Así ha dicho Jehová: Ponte en el atrio de la casa de Jehová, y habla a todas las ciudades de Judá, que vienen para adorar en la casa de Jehová, todas las palabras que yo te mandé hablarles; no retengas palabra.

QUIZÁ OIGAN, y se vuelvan cada uno de su mal camino, y me arrepentiré yo del mal que pienso hacerles por la maldad de sus obras...

...Mejorad ahora vuestros caminos y vuestras obras, y oíd la voz de Jehová vuestro Dios, y se arrepentirá Jehová del mal que ha hablado contra vosotros." (Jeremías 26: 1-3, 13)

Veamos también el caso del rey Acab *(uno de los reyes más apóstatas de Israel),* cuando Dios envió al profeta Elías a decirle el tipo de castigo que Él le tenía preparado; y luego que Acab se humilló, cómo reaccionó Dios:

"Y Acab dijo a Elías: ¿Me has hallado, enemigo mío? Él respondió: Te he encontrado, porque te has vendido a hacer lo malo delante de Jehová. He aquí yo traigo mal sobre ti, y barreré tu posteridad y destruiré hasta el último varón de la casa de Acab, tanto el siervo como el libre en Israel.

Y pondré tu casa como la casa de Jeroboam hijo de Nabat, y como la casa de Baasa hijo de Ahías, por la rebelión con que me provocaste a ira, y con que has hecho pecar a Israel. De Jezabel también ha hablado Jehová, diciendo: Los perros comerán a Jezabel en el muro de Jezreel.

El que de Acab fuere muerto en la ciudad, los perros lo comerán, y el que fuere muerto en el campo, lo comerán las aves del cielo. (A la verdad ninguno fue como Acab, que se vendió para hacer lo malo ante los ojos de Jehová; porque Jezabel su mujer lo incitaba. Él fue en gran manera abominable, caminando en pos de los ídolos, conforme a todo lo que hicieron los amorreos, a los cuales lanzó Jehová de delante de los hijos de Israel.)

Y sucedió que cuando Acab oyó estas palabras, rasgó sus vestidos y puso cilicio sobre su carne, ayunó, y durmió en cilicio, y anduvo humillado.

Entonces vino palabra de Jehová a Elías tisbita, diciendo: ¿No has visto cómo Acab se ha humillado delante de mí? <u>Pues por cuanto se ha humillado delante de mí, no traeré el mal</u> en sus días; en los días de su hijo traeré el mal sobre su casa."
(1º Reyes 21: 21-29)

En todas estas citas podemos ver un elemento común:

<< Dios hace justicia y juicio en la tierra; pero más que todo, se deleita en mostrar misericordia.

Antes de castigar, Él muestra las áreas que deben ser corregidas; y si la persona reconoce que ha actuado mal delante de Él, se arrepiente de todo corazón de lo que hizo y toma la decisión de abandonar ese camino de maldad; entonces Dios se arrepentirá del castigo que había declarado.>>

El elemento clave es: Tomar la decisión de abandonar el pecado; y con genuino arrepentimiento, aceptar el perdón de Dios. Si no lo hacemos así, entonces Dios tiene que ejecutar juicio contra nosotros, porque Él ha dicho:

"Jehová, tardo para la ira y grande en misericordia, que perdona la iniquidad y la rebelión, aunque de ningún modo tendrá por inocente al culpable…" (Números 14:18ₐ)

"Jehová es tardo para la ira y grande en poder, y no tendrá por inocente al culpable." (Nahúm 1:3)

ALGO MÁS A CONSIDERAR:

¿No ha habido ningún ser humano justo?

Muchos de los defensores de la doctrina del pecado original, le dan una interpretación absoluta, a lo que el apóstol Pablo dice en Romanos 3:

"Como está escrito: No hay justo, ni aun uno; No hay quien entienda, No hay quien busque a Dios. Todos se desviaron, a una se hicieron inútiles; No hay quien haga lo bueno, no hay ni siquiera uno." (Romanos 3: 10-12)

Creen y enseñan que lo que Pablo dice es que: *"por causa de que todos nacen siendo pecadores, aparte del Señor Jesús, no hay (ni ha habido) nadie en toda la historia humana que haya sido justo por su propia justicia".*

Sin embargo, esto no es lo que enseña la Biblia.

Lo que sí enseña es que en el tiempo cuando Pablo escribió esas palabras, nadie buscaba a Dios...; ni judíos ni gentiles. Sucedió similar a cuando David escribió que todos se habían desviado:

"Dice el necio en su corazón: No hay Dios. Se han corrompido, hacen obras abominables; No hay quien haga el bien. Todos se desviaron, a una se han corrompido; No hay quien haga lo bueno, no hay ni siquiera uno." (Salmo 14: 1-3)

La misma Palabra nos dice que Dios declaró justos por su propia justicia, a algunas personas:

"Vino a mí palabra de Jehová, diciendo:

Hijo de hombre, cuando la tierra pecare contra mí rebelándose pérfidamente, y extendiere yo mi mano sobre ella, y le quebrantare el sustento del pan, y enviare en ella hambre, y cortare de ella hombres y bestias, si estuviesen en medio de ella estos tres varones, Noé, Daniel y Job, ellos por su justicia librarían únicamente sus propias vidas, dice Jehová el Señor...

O si enviare pestilencia sobre esa tierra y derramare mi ira sobre ella en sangre, para cortar de ella hombres y bestias, y estuviesen en medio de ella <u>Noé, Daniel y Job</u>, vivo yo, dice Jehová el Señor, no librarían a hijo ni a hija; <u>ellos por su justicia</u> librarían solamente sus propias vidas." (Ezequiel 14: 12-14, 19-20)

Al revisar la historia bíblica de Noé, Daniel y Job, encontramos que ellos vivieron vidas aprobadas por Dios; con todo, su justicia fue tan limitada que no podían salvar aún a sus hijos/as.

Muy diferente a la justicia perfecta obtenida por medio del Señor Jesucristo, mediante la cual toda la humanidad puede ser justificada.

"Pero el don no fue como la transgresión; porque si por la transgresión de aquel uno murieron los muchos, abundaron mucho más para los muchos la gracia y el don de Dios por la gracia de un hombre, Jesucristo. Y con el don no sucede como en el caso de aquel uno que pecó; porque ciertamente el juicio vino a causa de un solo pecado para condenación, pero el don vino a causa de muchas transgresiones para justificación.

*Pues si por la transgresión de uno solo reinó la muerte, mucho más reinarán en vida por uno solo, Jesucristo, **los que reciben** la abundancia de la gracia y del don de la justicia.*
Así que, como por la transgresión de uno vino la condenación a todos los hombres, de la misma manera por la justicia de uno vino a todos los hombres la justificación de vida. Porque así como por la desobediencia de un hombre los muchos fueron constituidos pecadores, así también por la obediencia de uno, los muchos serán constituidos justos.

Pero la ley se introdujo para que el pecado abundase; mas cuando el pecado abundó, sobreabundó la gracia; para que así como el pecado reinó para muerte, así también la gracia reine por la justicia para vida eterna mediante Jesucristo, Señor nuestro." (Romanos 5: 15-21)

"¡GRACIAS A DIOS POR SU DON INEFABLE!" (2° Corintios 9:15)

Sigamos profundizando en las aguas de la revelación bíblica.
Procedamos a analizar la **gracia** de Dios y la **salvación** con un enfoque totalmente bíblico, pero diferente a lo que estamos acostumbrados a escuchar.

La Salvación:

Una historia que sigue escribiéndose

La Salvación: Una historia que sigue escribiéndose

Si hay una historia clave que sigue la Biblia desde el principio cuando narra la desgracia de la caída del hombre por causa de la desobediencia, es la historia de la salvación.

Podemos ver cómo, antes de Dios expulsar a Adán y a Eva del paraíso, les dio una promesa de redención cuando le aseguró a la serpiente *(a Satanás, según Apocalipsis 12:9 y Ezequiel 28:13)* que la simiente de la mujer le heriría en la cabeza.

Había sido profetizado que algún día nacería un niño de una virgen:

"Por tanto, el Señor mismo os dará señal: He aquí que la virgen concebirá, y dará a luz un hijo, y llamará su nombre Emmanuel (que significa 'Dios con nosotros') (Isaías 7:14)

También nos dice Isaías que este niño sería un príncipe y que sería conocido de manera muy especial:

"Porque un niño nos es nacido, hijo nos es dado, y el principado sobre su hombro; y se llamará su nombre Admirable, Consejero, Dios fuerte, Padre eterno, Príncipe de paz" (Isaías 9:6)

La Biblia declara que Jesús nació de una mujer que era virgen; de **María**, la mujer favorecida por Dios y bendita entre todas las mujeres según las propias palabras que le declaró el ángel Gabriel *(Lucas 1:28)*

Jesús nació, creció y cumplió todo el propósito para el cual vino a este mundo: **Redimir** la humanidad y **restaurar** todas las cosas.

El apóstol Pedro dijo una vez:

*"Este Jesús es la piedra reprobada por vosotros los edificadores, la cual ha venido a ser cabeza del ángulo; y **en ningún otro hay salvación**, porque no hay otro nombre bajo el cielo, dado a los hombres, en que podamos ser salvos"*

(Hechos 4: 11-12)

Por otro lado, el apóstol Pablo declara:

*"Esta es la palabra de fe que predicamos: que si confesares con tu boca que Jesús es el Señor, y creyeres en tu corazón que Dios le levantó de los muertos, serás salvo… **porque todo aquel que invocare el nombre del Señor, será salvo**"*

(Romanos 10: 8b-13)

Mientras que el mismo Jesús dijo:

*"Porque de tal manera amó Dios al mundo, que ha dado a su Hijo unigénito, **para que todo aquel que en Él cree**, no se pierda, mas tenga vida eterna. Porque no envió Dios a su Hijo al mundo para condenar al mundo, sino para que el mundo sea salvo por Él."* (Juan 3: 16-17)

*"Porque he descendido del cielo, no para hacer mi voluntad, sino la voluntad del que me envió; Y **esta es la voluntad** del que me ha enviado: Que todo aquél que ve al Hijo, y cree en Él, tenga vida eterna; y yo le resucitaré en el día postrero."*

(Juan 6: 38-40)

*"Al que oye mis palabras, y no las guarda, yo no le juzgo; porque no he venido a juzgar al mundo, **sino a salvar** al mundo."*

(Juan 12:47)

Debemos tener en cuenta que hay una gran revelación en estas palabras. Todos ellos están hablando de una salvación que está disponible para **todos** los seres humanos que crean en el nombre de Jesús y reconozcan Su señorío. No importa de qué raza sean o cuál posición social tengan. Pero no siempre fue así.

Hubo un tiempo cuando las promesas de Dios eran exclusivas de un solo pueblo: Los Judíos. Para comprender un poco el por qué Dios hizo eso, debemos recurrir a lo que nos narra la historia bíblica.

Transferencia de la bendición generacional

Analicemos brevemente algunos acontecimientos en la línea del tiempo:

En la Creación, Dios ubicó a Adán en el Edén o Paraíso; luego le hizo una mujer y los casó *(Génesis 2: 7, 8, 15, 18, 21-25)*. Les dio además **una bendición** *(Génesis 1:28)* por pura gracia y por amor, pues Dios los había creado para que tuvieran comunión con Él.

Cuando el hombre desobedeció el mandamiento de Dios, entró la maldición a la humanidad, a la tierra y a la serpiente *(Génesis 3: 3-17)*

La humanidad llegó a tal grado de corrupción que a Dios le dolió en su corazón haber hecho hombre en la tierra *(Génesis 6:6)* y determinó destruir todo lo que había en la tierra: hombres, bestias, reptiles, aves... ¡Todo!

Sin embargo, viviendo en medio de una sociedad tan pecadora, hubo un hombre que halló gracia ante los ojos de Dios (Génesis 6:8) porque amaba a Dios, lo buscaba y quería agradarle. Ese hombre se llamó: **NOÉ**.

Dios hizo un pacto con Noé *(Génesis 6:18; 9:9)* **y le pasó la bendición** *(Génesis 9:1)* que había dado antes a Adán y a Eva.

Ahora bien, en esta segunda bendición que Dios le dio a la humanidad por medio de Noé, no le devolvió el **señorío** que Satanás les había arrebatado.

Comparemos Génesis 1:28 con Génesis 9:1:

"Y los bendijo Dios, y les dijo: Fructificad y multiplicaos; llenad la tierra, y sojuzgadla, y señoread en los peces del mar, en las aves de los cielos, y en todas las bestias que se mueven sobre la tierra" (Génesis 1:28)

"Bendijo Dios a Noé y a sus hijos, y les dijo: Fructificad y multiplicaos, y llenad la tierra" (Génesis 9:1)

Es por esto que cuando Satanás le dijo esto al Señor Jesús cuando le estaba tentando en el desierto *(Lucas 4: 5-6)*, el Señor no le indicó que estuviera mintiendo sino que en cierta manera reconocía que, lamentablemente, era cierto que Satanás tenía dicho dominio:

"Y le llevó el diablo a un alto monte, y le mostró en un momento todos los reinos de la tierra. Y le dijo el diablo: A ti te daré toda esta potestad, y la gloria de ellos; porque a mí me ha sido entregada, y a quien quiero la doy..." (Lucas 4: 5-6)

No obstante, la Biblia nos declara que luego, **cuando Cristo Jesús murió en la cruz,**

Le arrebató a Satanás dicha autoridad:

"... anulando el acta de los decretos que había contra nosotros, que nos era contraria, quitándola de en medio y clavándola en la cruz, y despojando a los principados y a las potestades, los exhibió públicamente, triunfando sobre ellos en la cruz"
(Colosenses 2: 14-15)

"Y uno de los ancianos me dijo: No llores. He aquí que el León de la tribu de Judá, la raíz de David, ha vencido para abrir el libro y desatar sus siete sellos." (Apocalipsis 5:5)

...Y ahora la comparte con la Iglesia:

"...para que sepáis cuál es la esperanza a que él os ha llamado, y cuáles las riquezas de la gloria de su herencia en los santos, y cuál la supereminente grandeza de su poder para con nosotros los que creemos, según la operación del poder de su fuerza, la cual operó en Cristo, resucitándole de los muertos y sentándole a su diestra en los lugares celestiales, sobre todo principado y autoridad y poder y señorío, y sobre todo nombre que se nombra, no sólo en este siglo, sino también en el venidero;

Y sometió todas las cosas bajo sus pies, y lo dio por cabeza sobre todas las cosas a la iglesia, la cual es su cuerpo, la plenitud de Aquel que todo lo llena en todo." (Efesios 1: 18-23)

"Pero Dios, que es rico en misericordia, por su gran amor con que nos amó, aun estando nosotros muertos en pecados, nos dio vida juntamente con Cristo (por gracia sois salvos), y juntamente con él nos resucitó, y asimismo nos hizo sentar en los lugares celestiales con Cristo Jesús, para mostrar en los siglos venideros las abundantes riquezas de su gracia en su bondad para con nosotros en Cristo Jesús." (Efesios 2: 4-7)

"...para que la multiforme sabiduría de Dios sea ahora dada a conocer por medio de la iglesia a los principados y potestades en los lugares celestiales,
conforme al propósito eterno que hizo en Cristo Jesús nuestro Señor, en quien tenemos seguridad y acceso con confianza por medio de la fe en él" (Efesios 3: 10-12)

La firmeza trae recompensas

Vale la pena vivir sin dejarse arrastrar por las corrientes del mundo, porque DIOS ES JUSTO.

Una persona que viva correctamente será recompensada. Dios honrará su fe y su obediencia. Noé es un caso muy palpable y real.

La Biblia nos dice que:

"Los ojos de Jehová contemplan toda la tierra, para mostrar Su poder a favor de los que tienen corazón perfecto para con Él"
(2° Crónicas 16:9)

Por causa de la manera en que Noé vivió, la humanidad no fue exterminada.

Notemos ahora que la bendición que Noé recibió, **porque obedeció** a Dios en todo lo que le había dicho *(Génesis 6:22)*, la pasó entonces a su hijo **Sem** *(Génesis 9:26)*.

Dicha bendición continuó pasando de generación en generación *(Génesis 11: 10-31)* y más tarde llegó un momento cuando Dios decidió formar para sí, un pueblo santo; apartado del mal.

La Biblia nos cuenta entonces que a **Abram**, hijo de Taré, **descendiente de Sem**, Dios le llamó y le encomendó que se fuera de su tierra y de su parentela a otra tierra que Él le mostraría; y que Dios le iba a bendecir.

En otras palabras, la bendición de Dios pasaría ahora a tener otra magnitud:

Dios decidió formar un pueblo que llevaría en sí su bendición y eligió a Abram - a quien luego cambió el nombre por Abraham, que significa "padre de una multitud"- *(Génesis 17: 1-5)* para que fuera el patriarca de quien saldría dicho pueblo *(el cual es conocido como el pueblo judío)*.

Un punto muy interesante:

Dios le había hablado directamente a Abraham y le había prometido que lo iba a bendecir grandemente *(Génesis 12: 1-4)*, si Abraham le obedecía... y Abraham obedeció.

(La Biblia dice que por el hecho de Abraham creer, su fe fue contada por justicia *(Romanos 4:3; Hebreos 11:8)*;

Sin embargo, Dios tuvo que probar otra vez la fe de Abraham de una manera muy particular; y **no fue sino hasta cuando Abraham obedeció** y pasó dicha prueba, cuando Dios le aseguró con juramento que lo iba a bendecir como le había prometido *(Génesis 22: 1-18; Hebreos 11: 17-19)*.

HOY EN DÍA LAS COSAS VAN AÚN MÁS LEJOS.

Como resultado de la vida en perfecta obediencia de Cristo Jesús quien:

*"...siendo en forma de Dios, no estimó el ser igual a Dios como cosa a que aferrarse, sino que se despojó a sí mismo, tomando forma de siervo, hecho semejante a los hombres; y estando en la condición de hombre, se humilló a sí mismo, **haciéndose obediente hasta la muerte**, y muerte de cruz"* (Filipenses 2: 5-8)

*"...y quien "despojó a los principados y a las potestades, y los exhibió públicamente, **triunfando sobre ellos** en la cruz"* (Colosenses 2:15).

Dios ha extendido Su bendición para que cubra a todo ser humano (sin importar raza o nación), con tal que reciba Su gracia y el perdón de pecados por los méritos del Señor Jesucristo.

*"Aquella luz verdadera, que alumbra a todo hombre, venía a este mundo... **Mas a todos los que le recibieron, a los que creen en su nombre, les dio potestad de ser hechos hijos de Dios**"* (Juan 1: 9-12)

*"Por tanto, **es por fe**, para que sea por gracia... **no solamente con respecto a él** se escribió que le fue contada, **sino también con respecto a nosotros** a quienes ha de ser contada, esto es, a los que creemos en el que levantó de los muertos a Jesús, Señor nuestro, el cual fue entregado por nuestras transgresiones, y resucitado para nuestra justificación."* (Romanos 4: 16, 22,25)

"Pero ahora en Cristo Jesús, vosotros que en otro tiempo estabais lejos, habéis sido hechos cercanos por la sangre de Cristo... Y vino y anunció las buenas nuevas de paz a vosotros que estabais lejos, y a los que estaban cerca; porque por medio de Él los unos y los otros tenemos entrada por un mismo Espíritu al Padre..." (Efesios 2: 11-22)

*"Como por la trasgresión de uno vino la condenación a todos los hombres, de la misma manera **por la justicia de uno vino a todos los hombres la justificación de vida**"* (Romanos 5:18).

¿Quiere decir que todo el mundo está ya automáticamente justificado delante de Dios?

La respuesta es: **NO**.

Sino que a todo el mundo **se le da la oportunidad** de que pueda ser justificado, como lo dice el apóstol Pedro:

> *"El Señor no retarda su promesa, según algunos la tienen por tardanza, sino que es paciente para con nosotros, no queriendo que ninguno perezca, sino que todos procedan al arrepentimiento."* (2 Pedro 3:9)

¿Qué viene a ser en sí, entonces,

La Salvación?

¿Qué viene a ser en sí, entonces, La Salvación?

El apóstol Pablo nos dice que el ser humano puede encontrarse en una de dos condiciones: Hombre Natural, u Hombre Espiritual.

> *"Pero el hombre* natural *no percibe las cosas que son del Espíritu de Dios, porque para él son locura, y no las puede entender, porque se han de discernir espiritualmente.*
>
> *En cambio el* espiritual *juzga todas las cosas; pero él no es juzgado de nadie. Porque ¿quién conoció la mente del Señor? ¿Quién le instruirá? Mas nosotros tenemos la mente de Cristo."*
> (1 Corintios 2: 14-16)

Más adelante, nos explica que para llegar a ser 'espiritual', se debe pasar por un proceso; el cual es iniciado y perfeccionado por el Espíritu Santo.

> *"...estando persuadido de esto, que el que comenzó en vosotros la buena obra, la perfeccionará hasta el día de Jesucristo..."*
> (Filipenses 1:6)

Cuando una persona nace de nuevo por el Espíritu *(Juan 3:3-8),* es considerada "niño/a espiritual"; y por un tiempo podría cometer errores y tener ciertas caídas, debido a que está aprendiendo a "vivir y andar en el Espíritu"

> *(Ver: Romanos 8:1-17; Gálatas 3: 25-29; 4: 1-7; Tito 3: 3-5)*

Solo que hay un momento cuando *se espera* que la persona haya madurado espiritualmente, y ya no esté sujeta a los deseos que tenía antes de recibir la gracia de Dios.

> *" Acerca de esto tenemos mucho que decir, y difícil de explicar, por cuanto os habéis hecho tardos para oír. Porque debiendo ser ya maestros, después de tanto tiempo, tenéis necesidad de que se os vuelva a enseñar cuáles son los primeros rudimentos de las palabras de Dios; y habéis llegado a ser tales que tenéis*

necesidad de leche, y no de alimento sólido. Y todo aquel que participa de la leche es inexperto en la palabra de justicia, porque es niño; pero el alimento sólido es para los que han alcanzado madurez, para los que por el uso tienen los sentidos ejercitados en el discernimiento del bien y del mal."
(Hebreos 5: 11-14)

*"Puesto que Cristo ha padecido por nosotros en la carne, vosotros también armaos del mismo pensamiento; pues quien ha padecido en la carne, terminó con el pecado, **para no vivir el tiempo que resta en la carne, conforme a las concupiscencias de los hombres, sino conforme a la voluntad de Dios.***

***Baste ya el tiempo pasado para haber hecho lo que agrada a los gentiles,** andando en lascivias, concupiscencias, embriagueces, orgías, disipación y abominables idolatrías. A éstos les parece cosa extraña que vosotros no corráis con ellos en el mismo desenfreno de disolución, y os ultrajan; pero ellos darán cuenta al que está preparado para juzgar a los vivos y a los muertos."*
(1 Pedro 4: 1-5)

Es por esto que el apóstol Pablo hace reclamos a los Corintios, cuando se estaban comportando como "niños en Cristo", en lugar de vivir como hombres y mujeres "espirituales".

*"De manera que yo, hermanos, no pude hablaros como a espirituales, sino como a carnales, como a niños en Cristo. Os di a beber leche, y no vianda; porque aún no erais capaces, ni sois capaces todavía, porque aún sois **carnales;** pues habiendo entre vosotros celos, contiendas y disensiones, ¿no sois carnales, y andáis como hombres?"*   (1 Corintios 3: 1-3)

En otras palabras, los corintios mostraban, por sus hechos, que realmente eran carnales y no espirituales. Pablo habla de algunas de las obras de la carne que ellos practicaban: tenían celos, contiendas y disensiones.

Muchas personas no se dan cuenta que el vivir practicando las obras de la carne les detiene el crecimiento espiritual; y no solo les paraliza espiritualmente, sino que están en un grave riesgo de perder aquello que les fue otorgado graciosamente por los méritos del Señor Jesucristo.

Es urgente. Debemos vivir en sujeción al Espíritu

Todas las obras de la carne deben ser llevadas a la sujeción del Espíritu, para hacerlas morir.

"Así que, hermanos, deudores somos, no a la carne, para que vivamos conforme a la carne; porque si vivís conforme a la carne, moriréis; mas si por el Espíritu hacéis morir las obras de la carne, viviréis." (Romanos 8: 12-13)

"Digo, pues: Andad en el Espíritu, y no satisfagáis los deseos de la carne. Porque el deseo de la carne es contra el Espíritu, y el del Espíritu es contra la carne; y éstos se oponen entre sí, para que no hagáis lo que quisiereis. Pero si sois guiados por el Espíritu, no estáis bajo la ley.

Y manifiestas son las obras de la carne, que son: adulterio, fornicación, inmundicia, lascivia, idolatría, hechicerías, enemistades, pleitos, celos, iras, contiendas, disensiones, herejías, envidias, homicidios, borracheras, orgías, y cosas semejantes a éstas;

acerca de las cuales os amonesto, como ya os lo he dicho antes, que **los que practican tales cosas no heredarán el reino de Dios."**
(Gálatas 5: 14-21)

El Vivir En Desobediencia Al Espíritu Provoca Rebeldía; Y Las Consecuencias Son Devastadoras:

"Porque si pecáremos voluntariamente después de haber recibido el conocimiento de la verdad, ya no queda más sacrificio por los pecados, sino una horrenda expectación de juicio, y de hervor de fuego que ha de devorar a los adversarios.

El que viola la ley de Moisés, por el testimonio de dos o de tres testigos muere irremisiblemente. ¿Cuánto mayor castigo pensáis que merecerá el que pisoteare al Hijo de Dios, y tuviere por

inmunda la sangre del pacto en la cual fue santificado, e hiciere
afrenta al Espíritu de gracia?
Pues conocemos al que dijo: Mía es la venganza, yo daré el
pago, dice el Señor. Y otra vez: El Señor juzgará a su pueblo.
¡Horrenda cosa es caer en manos del Dios vivo!"
(Hebreos 10: 26-31)

Para que el creyente crezca y madure en la fe, debe estudiar la
Palabra de Dios y aplicarla conscientemente a todas las áreas de
su vida, según le dirija el Espíritu Santo.

"Pero persiste tú en lo que has aprendido y te persuadiste,
sabiendo de quién has aprendido; y que desde la niñez has
sabido las Sagradas Escrituras, las cuales te pueden hacer sabio
para la salvación por la fe que es en Cristo Jesús.

Toda la Escritura es inspirada por Dios, y útil para enseñar,
para redargüir, para corregir, para instruir en justicia, a fin de
que el hombre de Dios sea perfecto, enteramente preparado
para toda buena obra." (2 Timoteo 3: 14-17)

El Señor Jesucristo dijo:

"... Mas el que persevere hasta el fin,
éste será salvo." (Mateo 24: 11-13)

Pedro también dijo:

"... para que sometida a prueba vuestra fe... sea hallada en
alabanza, gloria y honra cuando sea manifestado Jesucristo...
obteniendo el fin de vuestra fe, que es la salvación de vuestras
almas." (1 Pedro 1: 6-9)

Y en el libro de Hebreos se nos exhorta:

"Mirad, hermanos, que no haya en ninguno de vosotros corazón
malo de incredulidad para apartarse del Dios vivo... Porque
*somos hechos participantes de Cristo, **con tal que retengamos***
***firme hasta el fin** nuestra confianza del principio"*
(Hebreos 3: 12-14)

En muchos otros pasajes, la Biblia nos amonesta sobre nuestra manera de vivir. Ahora bien, habiendo visto esos versículos, pasemos a analizar la pregunta sobre lo que significa la salvación.

La mejor manera en que yo puedo **ilustrar la salvación** es comparándola con una VISA de residencia que permite que una persona pueda entrar a un país y luego puede llegar a hacerse ciudadano.

Hay ciertos **requisitos** que deben ser satisfechos para que a una persona le sea otorgada dicha visa (y se convierte en un **privilegio** el obtenerla); pero además, existen normas que deben ser respetadas y cumplidas si no se quiere perder dicho privilegio.

Hemos visto que la Biblia misma nos dice que nosotros tenemos entrada por un mismo Espíritu al Padre y que formamos parte de Su familia, pueblo y reino *(Efesios 2:18);* sin embargo, antes de nosotros venir a Cristo hemos vivido en el mundo de pecado y maldad:

> *"En aquel tiempo estabais sin Cristo, alejados de la ciudadanía de Israel y ajenos a los pactos de la promesa, sin esperanza y sin Dios en el mundo"* (Efesios 2:12).

La Biblia claramente nos describe **la manera como vivíamos antes**:

> *"Porque nosotros también éramos en otro tiempo insensatos, rebeldes, extraviados, esclavos de concupiscencias y deleites diversos, viviendo en malicia y envidia, aborrecibles, y aborreciéndonos unos a otros."* (Tito 3:3)

"...estando atestados de toda injusticia, fornicación, perversidad, avaricia, maldad; llenos de envidia, homicidios, contiendas, engaños y malignidades; murmuradores, detractores, aborrecedores de Dios, injuriosos, soberbios, altivos, inventores de males, desobedientes a los padres, necios, desleales, sin afecto natural, implacables, sin misericordia"
(Romanos 1: 29-31)

..."engañando y siendo engañados." (2 Timoteo 3:13)

Gráfico de la Carga del Pecado en Nuestra Alma, si no tenemos la gracia de Dios

Gráficamente podemos visualizarlo así:

Buenas Obras que hacemos y que Dios aprueba

Nacimiento

0

Edad (años)

Período de Inocencia, cuando no sabemos discernir entre el bien y el mal

El pecado se va acumulando en nuestra alma

Dios Juzga los Corazones

*"Engañoso es **el corazón** más que todas las cosas, y perverso; ¿quién lo conocerá? Yo Jehová, que escudriño la mente, que pruebo el corazón, para dar a cada uno **según su camino**, según el fruto de sus obras."* *(Jeremías 17: 9-10)*

"Jehová, tardo para la ira y grande en misericordia, que perdona la iniquidad y la rebelión, aunque de ningún modo tendrá por inocente al culpable" *(Números 14:18)*

Dios ha dicho que **Él no quiere la muerte del impío** sino que se arrepienta:

*"... Diles: Vivo yo, dice Jehová el Señor, que no quiero la muerte del impío, **sino que se vuelva el impío de su camino**, y que viva. Volveos, volveos de vuestros malos caminos; ¿por qué moriréis, Oh casa de Israel?"* *(Ezequiel 33: 10-11)*

"El Señor no retarda su promesa, según algunos la tienen por tardanza, sino que es paciente para con nosotros, no queriendo que ninguno perezca, sino que todos procedan al arrepentimiento" *(2 Pedro 3:9)*

Así que, cuando alguien se arrepiente de todas sus maldades, pide perdón a Dios y pone su fe en Cristo Jesús, la Biblia nos dice:

"Lavaos y limpiaos; quitad la iniquidad de vuestras obras de delante de mis ojos; dejad de hacer lo malo; aprended a hacer el bien; buscad el juicio, restituid al agraviado, haced justicia al huérfano, amparad a la viuda.

Venid luego, dice Jehová, y estemos a cuenta: *si vuestros pecados fueren como la grana, como la nieve serán emblanquecidos; si fueren rojos como el carmesí, vendrán a ser como blanca lana."*
(Isaías 1: 16-18)

"... la sangre de Jesucristo su Hijo nos limpia de todo pecado... Si confesamos nuestros pecados, Él es fiel y justo para perdonar nuestros pecados, y limpiarnos de toda maldad" (1 Juan 1: 7, 9)

Gráfico de la carga del pecado en nuestra alma, después que recibimos el perdón de Dios por la fe en Cristo:

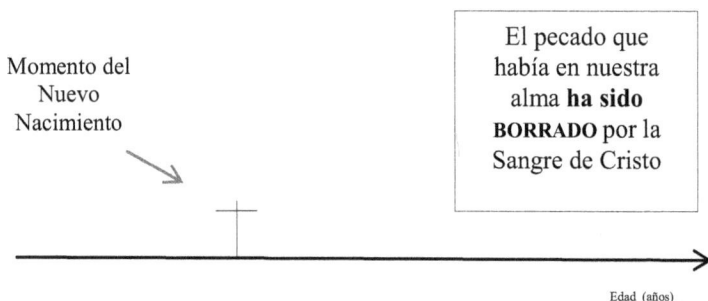

Momento del
Nuevo
Nacimiento

El pecado que había en nuestra alma **ha sido** **BORRADO** por la Sangre de Cristo

Edad (años)

Quiere decir que, cuando venimos a Dios y le pedimos perdón de nuestros pecados al reconocer lo malo que hemos hecho y con una actitud de arrepentimiento y de apartarnos de nuestros pecados, la Biblia nos dice que **Dios nos hace nacer de nuevo en el Espíritu** y hace nuevas en nosotros, todas las cosas:

"... Respondió Jesús: De cierto, de cierto te digo, que el que no naciere de agua y del Espíritu, no puede entrar en el reino de Dios. Lo que es nacido de la carne, carne es; y lo que es nacido del Espíritu, espíritu es. No te maravilles de que te dije: Os es necesario nacer de nuevo..." (Juan 3: 3-8)

"De modo que si alguno está en Cristo, nueva criatura es; las cosas viejas pasaron; he aquí todas son hechas nuevas."
(2 Corintios 5:17)

En otras palabras, Dios nos da la oportunidad de COMENZAR DE NUEVO

Solo que ahora contamos **con una gran ventaja:**

Ahora **tenemos al Espíritu Santo** morando en nosotros y Él nos va a **enseñar** a vivir correctamente, como Dios quiere.

El Espíritu Santo nos va a **redargüir** de pecado y nos va a exhortar a que nos arrepintamos rápidamente cuando cometamos algún nuevo pecado, después de haber recibido la purificación inicial de nuestros pecados; además, el pecado que **antes** tenía poder sobre nosotros, **ya no podrá** dominarnos más.

Así lo declara la Palabra:

> *"**No reine**, pues, **el pecado** en vuestro cuerpo mortal, de modo que lo obedezcáis en sus concupiscencias; ni tampoco presentéis vuestros miembros al pecado como instrumentos de iniquidad, sino presentaos vosotros mismos a Dios como vivos de entre los muertos, y vuestros miembros a Dios como instrumentos de justicia. **Porque el pecado no se enseñoreará de vosotros;** pues no estáis bajo la ley, sino bajo la gracia."* (Romanos 6: 12-14)

> *"Cuando venga el Espíritu de verdad, Él os guiará a toda la verdad"* (Juan 16:13)

¿Y qué de los pecados futuros?

Un error común al interpretar las Escrituras, es creer que todos los pecados **FUTUROS** son perdonados instantáneamente al recibir a Cristo como nuestro Salvador personal.

Quienes así lo creen, dicen que cuando Cristo murió por nosotros en la cruz del calvario, todos nuestros pecados estaban en el futuro.

Esta sería una manera **infantil** de conocer a Dios en su trato con los seres humanos, ya que Dios dice en Su Palabra que Él no puede ser burlado:

*"No os engañéis; Dios no puede ser burlado: pues todo lo que el hombre sembrare, eso también segará. Porque **el que siembra para su carne, de la carne segará corrupción**; mas el que siembra para el Espíritu, del Espíritu segará vida eterna"*
(Gálatas 6: 7-8)

Lo que sí dice la Biblia es:

*"Pero ahora, aparte de la ley, se ha manifestado la justicia de Dios, testificada por la ley y por los profetas; **la justicia de Dios por medio de la fe en Jesucristo**, para todos los que creen en Él.*

"Porque no hay diferencia, por cuanto todos pecaron, y están destituidos de la gloria de Dios, siendo justificados gratuitamente por su gracia, mediante la redención que es en Cristo Jesús...

*...A quien Dios puso como propiciación por medio de LA FE EN SU SANGRE, para manifestar su justicia, a causa de haber pasado por alto, en su paciencia, **los pecados pasados**, con la mira de manifestar en este tiempo su justicia, a fin de que Él sea el justo, y el que justifica al que es de la fe de Jesús."*
(Romanos 3: 21-26)

*"Pero el que no tiene estas cosas tiene la vista muy corta; es ciego, habiendo olvidado la purificación de sus **antiguos pecados**."* (2 Pedro 1:9)

¿Qué pasa entonces cuando un cristiano comete un pecado después que ha recibido la gracia de Dios en su vida?

Debemos mantener una actitud de revisión de nuestro caminar diario [*"ten cuidado de ti mismo"*, le decía Pablo a Timoteo *(1Timoteo 4:16)];* y debemos evitar por todos los medios que nuestro comportamiento se vuelva rebelde a la dirección del Espíritu Santo.

*"Por tanto, ceñid los lomos de vuestro entendimiento, sed sobrios, y esperad por completo en la gracia que se os traerá cuando Jesucristo sea manifestado; como hijos obedientes, **no os conforméis a los deseos que antes teníais** estando en vuestra ignorancia;*

*Sino, como aquel que os llamó es santo, sed también vosotros santos en toda vuestra manera de vivir; porque escrito está: <u>Sed santos, porque yo soy santo.</u> Y si invocáis por Padre a aquel que **sin acepción de personas juzga según la obra de cada uno,** conducíos en temor todo el tiempo de vuestra peregrinación"*
(1 Pedro 1: 13-17)

Aun así, la Biblia deja muy bien establecido que en esta vida **los cristianos pecan** *(aunque no lo hagan voluntariamente);* y que el recurso de ellos cuando han pecado es el perdón a través de Cristo:

"Si decimos que no tenemos pecado, nos engañamos a nosotros mismos, y la verdad no está en nosotros" (1 Juan 1:8)

Cada vez que cometemos un pecado *(y no hay ninguno que nunca los cometa, pues aún no somos perfectos sino que vamos siendo perfeccionados),* nuestra alma es **manchada** por dicho pecado; pero si lo reconocemos y nos arrepentimos del mismo, y le pedimos a Dios que nos perdone, Él nos perdonará y nos limpiará, manteniéndonos puros delante de Él.

La Biblia dice:

"...Si confesamos nuestros pecados, Él es fiel y justo para perdonar nuestros pecados, y limpiarnos de toda maldad"...

"la sangre de Jesucristo su Hijo nos limpia de todo pecado..."
(1 Juan 1: 9, 7)

"Si yo cerrare los cielos para que no haya lluvia, y si mandare a la langosta que consuma la tierra, o si enviare pestilencia a mi pueblo;
si se humillare mi pueblo, sobre el cual mi nombre es invocado, y oraren, y buscaren mi rostro, y se convirtieren de sus malos caminos; entonces yo oiré desde los cielos, y perdonaré sus pecados, y sanaré su tierra." (2 Crónicas 7:14)

El Procedimiento Antinatural

El procedimiento Antinatural

Sin embargo, debemos decir que **es antinatural** para un verdadero cristiano el continuar en una vida de pecado. Habitualmente no puede pecar.

Eso es lo que la Palabra nos quiere decir:

> *"El que **practica** el pecado es del diablo; porque el diablo peca desde el principio. Para esto apareció el Hijo de Dios, para deshacer las obras del diablo.*
>
> *Todo aquel que es nacido de Dios, **no practica** el pecado, porque la simiente de Dios permanece en él; y no puede pecar (continuar pecando), porque es nacido de Dios."*
>
> (1 Juan 3: 8-9)
>
> *"Hijitos, vosotros sois de Dios, y los habéis vencido; porque **mayor es el que está en vosotros**, que el que está en el mundo."*
>
> (1 Juan 4:4)
>
> *"Antes, en todas estas cosas **somos más que vencedores** por medio de aquel que nos amó."* (Romanos 8:37)

Cualquiera que nace de Dios no practica el pecado; es decir, no sigue un hábito de pecado. No puede seguir pecando a la manera que los hijos del diablo lo hacen.

El verdadero cristiano debiera poner el pecado a un lado y seguir creciendo espiritualmente, sabiendo que cualquier práctica pecaminosa le afectará muy negativamente su fe y perjudicará su alma.

Ahora bien, basado en lo que la Palabra nos dice:

> *"Seguid la paz con todos, **y la santidad**, sin la cual nadie verá al Señor"* (Hebreos 12:14)
>
> *Amados, yo os ruego como a extranjeros y peregrinos, que os abstengáis de los **deseos carnales** que <u>batallan contra el alma</u>, manteniendo buena vuestra manera de vivir entre los gentiles; para que en lo que murmuran de vosotros como de malhechores, glorifiquen a Dios en el día de la visitación, al considerar vuestras buenas obras."* (1 Pedro 2: 11-12)

No olvidemos que la Biblia dice que para Dios todo pecado conlleva a la muerte; no solo los pecados que consideramos "**grandes**":

*"... Si hacéis acepción de personas, cometéis pecado, y quedáis convictos por la ley como transgresores. Porque cualquiera que guardare toda la ley, pero ofendiere en un punto, **se hace culpable de todos**.*

*Porque el que dijo: No cometerás adulterio, también ha dicho: No matarás. Ahora bien, si no cometes adulterio, pero matas, ya te has hecho **trasgresor de la ley**. Así hablad, y así haced, como los que habéis de ser juzgados por la ley de la libertad. Porque juicio sin misericordia se hará con aquel que no hiciere misericordia; y **la misericordia triunfa sobre el juicio**"*
(Santiago 2: 8-13)

Vemos que Dios **castiga** a los creyentes y los juzga, para **evitar** tener que condenarlos con los impíos en el día del juicio final.

La Biblia dice que:

"la paga del pecado es la muerte" (Romanos 6:23); haciendo referencia a la muerte espiritual, donde la palabra muerte significa: "separación"

"Y él os dio vida a vosotros, cuando estabais muertos en vuestros delitos y pecados" (Efesios 2:1)

Además nos dice el apóstol Juan:

"Si alguno viere a su hermano cometer pecado que no sea de muerte, pedirá, y Dios le dará vida; esto es para los que cometen pecado que no sea de muerte. Hay pecado de muerte, por el cual yo no digo que se pida. Toda injusticia es pecado; pero hay pecado no de muerte." *(1 Juan 5: 16-17)*

Aquí se está refiriendo a la muerte física "prematura" de alguien por causa de un pecado, como juicio de Dios para evitarle la muerte eterna; *"Porque el Señor al que ama, disciplina, y azota a todo el que recibe por hijo..."* (Hebreos 12: 6-8)

En el Antiguo Testamento se menciona 65 veces la palabra "Seol", para indicar el lugar donde van las personas que mueren. He aquí algunos versículos que la incluyen:

"Jehová mata, y él da vida; El hace descender al Seol, y hace subir." (1° Samuel 2:6)

"¡Oh, quién me diera que me escondieses en el Seol, Que me encubrieses hasta apaciguarse tu ira, Que me pusieses plazo, y de mí te acordaras!" (Job 14:13)

"Si yo espero, el Seol es mi casa; Haré mi cama en las tinieblas." (Job 17:13)

"Porque no dejarás mi alma en el Seol, Ni permitirás que tu santo vea corrupción." (Salmo 16:10)

"Ligaduras del Seol me rodearon, Me tendieron lazos de muerte." (Salmo 18:5)

"Oh Jehová, hiciste subir mi alma del Seol; Me diste vida, para que no descendiese a la sepultura." (Salmo 30:3)

"Que la muerte les sorprenda; Desciendan vivos al Seol, Porque hay maldades en sus moradas, en medio de ellos." (Salmo 55:15)

¿Qué hombre vivirá y no verá muerte? ¿Librará su vida del poder del Seol?" (Salmo 89:48)

"Todo lo que te viniere a la mano para hacer, hazlo según tus fuerzas; porque en el Seol, adonde vas, no hay obra, ni trabajo, ni ciencia, ni sabiduría." (Eclesiastés 9:10)

"Descendió al Seol tu soberbia, y el sonido de tus arpas; gusanos serán tu cama, y gusanos te cubrirán... Mas tú derribado eres hasta el Seol, a los lados del abismo."
(Isaías 14: 11, 15)

Ahora bien, el Señor Jesús explicó que en el "Seol", hay más de un lugar a donde pueden ser enviadas las almas después que abandonan el cuerpo. Él lo dijo así:

"Había un hombre rico, que se vestía de púrpura y de lino fino, y hacía cada día banquete con esplendidez. Había también un mendigo llamado Lázaro, que estaba echado a la puerta de aquél, lleno de llagas, y ansiaba saciarse de las migajas que caían de la mesa del rico; y aun los perros venían y le lamían las llagas. Aconteció que murió el mendigo, y fue llevado por los ángeles al seno de Abraham; y murió también el rico, y fue sepultado. Y en el Hades alzó sus ojos, estando en tormentos, y vio de lejos a Abraham, y a Lázaro en su seno.

Entonces él, dando voces, dijo: Padre Abraham, ten misericordia de mí, y envía a Lázaro para que moje la punta de su dedo en agua, y refresque mi lengua; porque estoy atormentado en esta llama. Pero Abraham le dijo: Hijo, acuérdate que recibiste tus bienes en tu vida, y Lázaro también males; pero ahora éste es consolado aquí, y tú atormentado. Además de todo esto, una gran sima está puesta entre nosotros y vosotros, de manera que los que quisieren pasar de aquí a vosotros, no pueden, ni de allá pasar acá" (Lucas 16: 19-26)

Los creyentes que mueren en el Señor, son bienaventurados y van directamente al cielo:

"...teniendo deseo de partir y estar con Cristo, lo cual es muchísimo mejor" (Filipenses 1:23)

"Aquí está la paciencia de los santos, los que guardan los mandamientos de Dios y la fe de Jesús. Oí una voz que desde el cielo me decía: Escribe: Bienaventurados de aquí en adelante los muertos que mueren en el Señor. Sí, dice el Espíritu, descansarán de sus trabajos, porque sus obras con ellos siguen." (Apocalipsis 14:12-13)

Para los demás, los que no mueren en el Señor, dependiendo de lo que hicieron *(o dejaron de hacer)* mientras vivieron en la tierra, serán enviados a uno de dos lugares: El Hades o El Seno de Abraham.

Hablando de Azotes

El Señor Jesús declaró:

*"Aquel siervo que conociendo la voluntad de su señor, no se preparó, ni hizo conforme a su voluntad, recibirá muchos azotes. **Mas el que sin conocerla hizo cosas dignas de azotes, será azotado poco;** porque a todo aquel a quien se haya dado mucho, mucho se le demandará; y al que mucho se le haya confiado, más se le pedirá."* (Lucas 12: 47-48)

También dijo:

*"Porque no envió Dios a su Hijo al mundo para condenar al mundo, sino para que el mundo sea salvo por Él. El que en Él cree, no es condenado; pero **el que no cree, ya ha sido condenado**, porque no ha creído en el nombre del unigénito Hijo de Dios."*

"Y esta es la condenación: que la luz vino al mundo, y los hombres amaron más las tinieblas que la luz, porque sus obras eran malas."

"Porque todo aquel que hace lo malo, aborrece la luz y no viene a la luz, para que sus obras no sean reprendidas." (Juan 3: 17-20)

El Tribunal de Cristo

Creo también, firmemente, que la Biblia nos enseña que una persona que ha vivido como "cristiana" *(es decir, creyó que Jesús murió en la cruz por él o ella),* cuando muera va directamente **al tribunal de Cristo**, y allí será juzgado, como dice la Palabra:

*"Por tanto procuramos también, o ausentes o presentes, serle agradables. Porque es necesario que **todos nosotros comparezcamos ante el tribunal de Cristo,** para que cada uno reciba según lo que haya hecho mientras estaba en el cuerpo, **sea bueno o sea malo"*** (2 Corintios 5: 9-10)

Como resultado de este juicio, dichas personas podrían ser enviados a una de estas tres partes:

1. EL CIELO

2. EL SENO DE ABRAHAM; o

3. EL HADES.

A los que vayan al **CIELO**, les dirá:

"Venid, benditos de mi Padre, heredad el reino preparado para vosotros desde la fundación del mundo." (Mateo 25:34)

"Bien, buen siervo y fiel; sobre poco has sido fiel, sobre mucho te pondré; entra en el gozo de tu señor" (Mateo 25:21)

Una pregunta natural que debemos hacernos entonces, es:

¿Dónde van las personas que reciben "pocos azotes", mientras esperan el día del juicio final?

- Si la persona *murió sin haber oído de Cristo (el evangelio explicado correctamente),* dicha persona **no tuvo** la oportunidad de **recibir o rechazar** la gracia de Dios. Será enviada al **HADES** cuando muera; y el día del juicio final será juzgada de acuerdo a sus obras.

- Si la persona había puesto su fe en Cristo Jesús, pero por ignorancia o porque le enseñaron incorrectamente, cometía actos de violación a la ley moral de Dios ("Los 10 Mandamientos", *Éxodo 20: 3-17; Deuteronomio 5: 7-21*); dicha persona será enviada al **Seno de Abraham**. El hecho de que no fue al cielo directamente a la hora de morir puede ser considerado por Dios como **"pocos azotes"**.

El "Seno de Abraham" es un LUGAR

A mi parecer y considerando que Jesús está hablando del "Seno de Abraham" como si fuera un LUGAR y no solo un "estado del alma", creo que Dios tiene **activo** aún dicho lugar, pero no ya con aquellos que fueron llevados al paraíso *(según Efesios 4: 8-10);* sino para los que son castigados con "pocos azotes", al ser juzgados en el tribunal de Cristo.

Los que vayan al **SENO DE ABRAHAM** estarán sufriendo la angustia de estar separados del Señor, hasta el día del juicio final en el cual serían llamados por Dios para que vayan al cielo; y no serían condenados:

> *"Si, pues, nos examinásemos a nosotros mismos, no seríamos juzgados; mas siendo juzgados, somos castigados por el Señor,* **para que no seamos condenados con el mundo"**
> (1 Corintios 11: 31-32)

El deseo natural del Alma, es estar en la presencia de Su creador: Por lo que cualquier tiempo que esté apartada de Él, significará un doloroso "castigo", como el de un buen padre cuando castiga a su hijo cuando ha hecho algo indebido: Lo coloca un tiempo apartado de él... Pero le sigue amando y llega el momento cuando le restaura a su lado.

"Mi alma tiene sed de Dios, del Dios vivo" (Salmo 42:2)

"Dios, Dios mío eres tú... Mi alma tiene sed de ti"
(Salmo 63:1)

"Anhela mi alma y aun ardientemente desea los atrios de Jehová" (Salmo 84:2)

Dentro de las palabras de **fidelidad** que Dios le había hablado al rey David, estaban algunas referentes al trato que Él daría con sus descendientes:

"Él me clamará: Mi padre eres tú, Mi Dios, y la roca de mi salvación. Yo también le pondré por primogénito, El más excelso de los reyes de la tierra. Para siempre le conservaré mi misericordia, Y mi pacto será firme con él.

Pondré su descendencia para siempre, Y su trono como los días de los cielos. Si dejaren sus hijos mi ley, Y no anduvieren en mis juicios, Si profanaren mis estatutos, Y no guardaren mis mandamientos, Entonces castigaré con vara su rebelión, Y con azotes sus iniquidades. Mas no quitaré de él mi misericordia, Ni falsearé mi verdad." (Salmo 89: 26-33)

Pero, a los que se llamaban "creyentes" que al ser juzgados en el tribunal de Cristo sean enviados al **HADES**, el Señor les dirá:

"Nunca os conocí; apartaos de mí, hacedores de maldad "
(Mateo 7:23)

"Apartaos de mí, malditos, al fuego eterno preparado para el diablo y sus ángeles"   (Mateo 25:41)

A éstos les será borrado su nombre del libro de la vida *(Apocalipsis 3:5; 22:19);* y no habrá esperanza para ellos el día del juicio final; sino que serán lanzados al "Lago de Fuego".

Recordemos lo que nos dice la Palabra:

"Porque si pecáremos voluntariamente después de haber recibido el conocimiento de la verdad, ya no queda más sacrificio por los pecados, sino una horrenda expectación de juicio, y de hervor de fuego que ha de devorar a los adversarios.
El que viola la ley de Moisés, por el testimonio de dos o de tres testigos muere irremisiblemente. ¿Cuánto mayor castigo pensáis que merecerá el que pisoteare al Hijo de Dios, y tuviere por inmunda la sangre del pacto en la cual fue santificado, e hiciere afrenta al Espíritu de gracia? Pues conocemos al que dijo: Mía es la venganza, yo daré el pago, dice el Señor. Y otra vez: El Señor juzgará a su pueblo. ¡Horrenda cosa es caer en manos del Dios vivo!" (Hebreos 10: 26-31)

La Biblia dice que **TODOS** los seres humanos tendremos que **dar cuenta a Dios,** en un juicio:

La Biblia dice que todo el mundo será juzgado. Los que tienen su fe puesta en el Señor Jesús, serán juzgados por Él en el "Tribunal de Cristo" *(2ª Corintios 5:10);* Y todos los demás serán juzgados de acuerdo a sus obras y **al dictamen de sus conciencias,** como lo declara el apóstol Pablo en su carta a los Romanos:

> *"Porque no hay acepción de personas para con Dios. Porque todos los que sin ley han pecado, sin ley también perecerán; y todos los que bajo la ley han pecado, por la ley serán juzgados; porque no son los oidores de la ley los justos ante Dios, sino los hacedores de la ley serán justificados. Porque cuando los gentiles que no tienen ley, hacen por naturaleza lo que es de la ley, éstos, aunque no tengan ley, son ley para sí mismos, mostrando la obra de la ley escrita en sus corazones, dando testimonio su conciencia, y acusándoles o defendiéndoles sus razonamientos, en el día en que Dios juzgará por Jesucristo los secretos de los hombres, conforme a mi evangelio."* (Romanos 2: 11-16)

El día del juicio final, todos los que estén en el Hades comparecerán ante el gran trono blanco; y los que sean hallados indignos de pasar la eternidad en el cielo, serán lanzados a un lago que arde con fuego y azufre, y estarán para siempre en ese lugar de tormento con el diablo y sus ángeles.

> *"Y vi un gran trono blanco y al que estaba sentado en él, de delante del cual huyeron la tierra y el cielo, y ningún lugar se encontró para ellos. Y vi a los muertos, grandes y pequeños, de pie ante Dios; y los libros fueron abiertos, y otro libro fue abierto, el cual es el libro de la vida; y fueron juzgados los muertos por las cosas que estaban escritas en los libros, según sus obras.*
> *Y el mar entregó los muertos que había en él; y la muerte y el Hades entregaron los muertos que había en ellos; y fueron juzgados cada uno según sus obras. Y la muerte y el Hades fueron lanzados al lago de fuego. Ésta es la muerte segunda.*
> *Y el que no se halló inscrito en el libro de la vida fue lanzado al lago de fuego."* (Apocalipsis 20: 11-15)

¿Dónde Termina La Esperanza?

¿Dónde termina la esperanza?

Retomemos entonces **la primera pregunta** que nos formulamos al principio:

¿Será que hay esperanza de que a alguien le sea escrito su nombre en el libro de la vida el día del juicio final; permitiéndole Dios, por tanto, pasar la eternidad en el cielo?

La respuesta natural de quienes hemos sido educados cristianamente, es decir que NO, que si murieron sin Cristo ya Dios los tiene condenados en el infierno y que solo van al juicio final para ser re-condenados y ser echados en el lago de fuego.

Sin embargo, la Biblia nos dice que Dios es JUEZ JUSTO. **En un juicio no se condena a nadie hasta que se demuestra que es culpable.**

En el Seol, en la parte del Hades, habrá personas que rechazaron a Cristo; otras que nunca tuvieron la oportunidad de conocer las buenas nuevas de salvación; y los que vivieron sus vidas diciendo que eran "creyentes" pero sus testimonios de vida indicaban lo contrario. En el otro lugar, el Seno de Abraham, estarán aquellos que vivieron creyendo y confesando que Jesús era el Señor, pero que ingenuamente ofendían a Dios con prácticas religiosas que les habían enseñado; y no eran conscientes de este mal.

¿Se le podría escribir a alguien su nombre en el libro de la vida, el día del juicio final?

Las personas que **mueren sin tener su fe en el Señor Jesucristo**, van directamente al **Hades** y allí esperarán hasta el día del juicio final. **Es entre éstos** que, al ser **juzgados por sus obras** según el dictamen de sus **conciencias** *(Romanos 2: 11-16)*, Dios podría condenarles al lago de fuego; o Podría mandar que les inscriban sus nombres en el libro de la vida y que sean ingresados al cielo para pasar la eternidad allí; principalmente a los que en esta vida fueron misericordiosos.

101

"Porque juicio sin misericordia se hará con aquel que no hiciere misericordia; y la misericordia triunfa sobre el juicio" (Santiago 2: 13)

Una característica de estos últimos será que **ellos no gozarán de las recompensas** que los cristianos fieles han de recibir cuando se presenten ante el Señor.

Con esto podemos entender entonces que, así como existe la posibilidad de que a una persona le sea borrado su nombre del libro de la vida (Apocalipsis 3:5; 22:19); de igual manera, **Sí** es posible que a alguna persona se le inscriba su nombre en el libro de la vida, a la hora del juicio final.

Tengamos en cuenta estas otras declaraciones de Cristo:

*"Si yo no hubiera venido, ni les hubiera hablado, **no tendrían pecado;** pero ahora no tienen excusa por su pecado"* (Juan 15:22)

*"Entonces algunos de los fariseos que estaban con Él, al oír esto, le dijeron: ¿Acaso nosotros somos también ciegos? Jesús les respondió: **Si fuerais ciegos, no tendríais pecado;** mas ahora, porque decís: Vemos, vuestro pecado permanece"* (Juan 9: 40-41)

El Señor está hablando en sentido espiritual.
Habla de **ceguera espiritual** y la relaciona con la culpabilidad del pecado.

Debemos entonces contestar la siguiente pregunta:

¿Entrará al cielo un cristiano que comete un pecado?

Muchas personas declaran que *"si peca no se salva".* Sin embargo, es necesario considerar el hecho de que: enemistades, pleitos, celos, iras, contiendas y disensiones, se aceptan como *"fracasos comunes"*; aunque para Dios son obras de la carne. (Ver: Gálatas 5: 19-21).

Nadie sugeriría que los creyentes que cometen estos pecados estén perdidos; pero la Biblia dice que *"los que practican tales cosas no heredarán el reino de Dios"*
(Gálatas 5:21)

Ahora bien, si se insiste que Dios exige en el presente la perfección de los creyentes, entonces debemos plantearnos la siguiente pregunta:

¿Está el cristiano firme en Cristo basado en su propia justicia o en la justicia de Cristo imputada a él por la fe?

Si el cristiano sólo se salva si mantiene una vida sin caída, ¡Entonces la salvación no sería por gracia, sino por obras!

Por lo tanto, si el creyente es aceptado por Dios sólo si él está sin faltas, entonces el cristiano no es libre de la condenación como Pablo insistió en Romanos 8:1.

Se convierte más bien en un continuo ejercicio de miedo y condenación al vivir escudriñando su alma; con lo que pierde el gozo que trae el conocimiento de la salvación.

La Biblia nos dice:

*"Mas Dios muestra su amor para con nosotros, en que siendo aún pecadores, Cristo murió por nosotros. Pues mucho más, **estando ya justificados en su sangre, por Él seremos salvos de la ira."***

*"Porque si siendo enemigos, fuimos reconciliados con Dios por la muerte de su Hijo, **mucho más, estando reconciliados, seremos salvos por su vida...**"* (Romanos 5: 8-11)

TAMBIÉN:

*"Pues en cuanto Él mismo padeció siendo tentado, es poderoso para **socorrer** a los que son tentados"* (Hebreos 2:18)

*"Y a aquel que es **poderoso para guardaros sin caída**, y presentaros sin mancha delante de su gloria con gran alegría, al único y sabio Dios, nuestro Salvador, sea gloria y majestad, imperio y potencia, ahora y por todos los siglos. Amén"*
(Judas 24-25)

Esta Convicción Nos Da Alegría En Él.

Sin embargo, el ser consciente de que **vivimos en medio de un mundo depravado,** nos debe animar a pedirle continuamente al Espíritu Santo que **escudriñe** nuestro corazón; y si nos muestra algún pecado no confesado aún, debemos recurrir a la confesión y al arrepentimiento.

Recordemos que el Señor Jesús, en la oración que nos enseñó *(el "Padrenuestro"),* nos dice que cada día, además de pedir nuestro pan, debemos pedirle a Dios que nos perdone todas nuestras ofensas. El Señor Jesús es Fiel, siempre Fiel. **Él no nos va a dejar abandonados** en las manos del enemigo al final de nuestra vida.

La Biblia dice:

"Dios es Fiel y no nos dejará ser tentados más allá de lo que podamos resistir; sino que juntamente dará también la salida para que podamos soportar" (1 Corintios 10:13)

"Si fuéremos infieles, Él permanece fiel; Él no puede negarse a sí mismo." (2 Timoteo 2:13)

La Palabra también nos enseña que los que somos de Cristo *"hemos crucificado la carne con sus pasiones y deseos"* y que *"**debemos andar en el Espíritu**"* (Gálatas 5: 24-25);

Y al ser guiados por el Espíritu de Dios nos CONFIRMA **que somos hijos de Dios** (Romanos 8:14)

Para una persona que camine con Dios **en obediencia**, siendo **sensible** a la dirección del **Espíritu Santo**, velando en todo tiempo para no caer en las trampas del Engañador; **atendiendo las áreas débiles** que el Espíritu le pueda mostrar que tiene y permitiéndole a Él que le **moldee** y transforme cada día de gloria en gloria a la imagen de Cristo Jesús *(2 Corintios 3:18);*

Poniendo a un lado **su voluntad** personal y permitiendo que **la voluntad de Dios** se haga en su vida (Salmo 138:8; Mateo 6:10; 26:39); irá creciendo y madurando espiritualmente cada día.

Dicha persona **habrá aprendido** a defenderse de los ataques y de las tentaciones y habrá experimentado el poder victorioso de la cruz en diferentes maneras en su caminar con Cristo; por lo que también podrá decir al igual que dijo el apóstol Pablo:

"**Ya no vivo yo, mas Cristo vive en mí**" (Gálatas 2:20)

Y también:

> *"¿Quién nos separará del amor de Cristo? ¿Tribulación o angustia, o persecución o hambre o desnudez; o peligro o muerte?"*

> *"Antes bien, en todas estas cosas somos más que vencedores por medio de Aquel que nos amó."*

> *"Por lo cual estoy seguro de que ni la muerte, ni la vida, ni ángeles, ni principados, ni potestades, ni lo presente, ni lo porvenir, ni lo alto, ni lo profundo, ni ninguna otra cosa creada, nos podrá separar del amor de Dios que es en Cristo Jesús Señor nuestro"* (Romanos 8: 35, 37-39)

Si, después de recibir la purificación de sus pecados pasados, una persona comete un pecado **justo antes** de la venida del Señor o si muere antes de arrepentirse del mismo o mientras comete ese pecado, lo que pasará cuando se presente ante el Señor, **dependerá** de la clase de vida "cristiana" que haya llevado.

Así por ejemplo, si la persona ha vivido con el temor de Dios, cuidando su testimonio y obedeciendo las direcciones del Espíritu Santo, debe estar tranquila pues sucederá que el peso de las obras de obediencia de su vida será mucho más grande que el peso del pecado final, por lo que el Señor le dirá:

"Bien hecho, buen siervo y fiel. Entra en el gozo de tu Señor"
(Mateo 25:21)

Porque la PERFECCIÓN **no es la falta de caídas**, ya que hemos visto que la Biblia nos dice que: *"si decimos que no tenemos pecado, nos engañamos a nosotros mismos"* (1Juan 1:8);

Sino **el andar en obediencia** a Dios y a Su Palabra, permitiendo que el Espíritu Santo lleve a cabo su labor de perfeccionamiento en nosotros.

Podríamos verlo gráficamente así:

Buenas Obras que
hacemos mientras
estamos en el cuerpo

El pecado
Final

Sin embargo, esto no nos da lugar a abusar de esta gracia de Dios, porque la Biblia nos declara muy fuertemente que:

"Si pecáremos voluntariamente después de haber recibido el conocimiento de la verdad, ya no queda más sacrificio por los pecados, sino una horrenda expectación de juicio, y de hervor de fuego que ha de devorar a los adversarios.

"El que viola la ley de Moisés, por el testimonio de dos o de tres testigos muere irremisiblemente.

¿Cuánto mayor castigo pensáis que merecerá el que pisoteare al Hijo de Dios, y tuviere por inmunda la sangre del pacto en la cual fue santificado, e hiciere afrenta al Espíritu de gracia?"
(Hebreos 10: 26-29)

El "pecar voluntariamente" equivale a "**Rebeldía**"

Así que, si una persona sigue continuamente pecando, después de recibir la purificación de sus pecados pasados, su alma volverá a cargarse con dicho pecado…

…Y si muere en esa condición y se presenta al tribunal de Cristo para ser juzgado, si el peso de sus pecados es mayor que sus buenas obras, **podría ser rechazado.**

Tendríamos algo así:

Buenas Obras que hacemos mientras estamos en el cuerpo

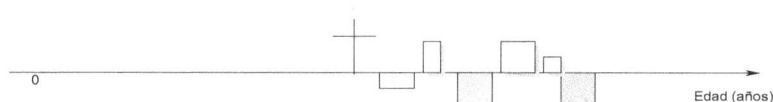

0

Edad (años)

El pecado, si no hay arrepentimiento, se vuelve a acumular en nuestra alma

107

Sobre esto, la Biblia nos dice:

"*No os engañéis; Dios no puede ser burlado: pues todo lo que el hombre sembrare, eso también segará. Porque el que siembra para su carne, de la carne segará corrupción; mas el que siembra para el Espíritu, del Espíritu segará vida eterna.*"
(Gálatas 6: 7-8)

"*Porque es necesario que TODOS nosotros comparezcamos ante el **tribunal de Cristo,** para que cada uno reciba según lo que haya hecho mientras estaba en el cuerpo, **sea bueno o sea malo.**"
(2 Corintios 5:10)

"*Y ahora, hijitos, permaneced en Él, para que cuando se manifieste, tengamos confianza, para que en su venida **no nos alejemos de Él avergonzados.**"* (1 Juan 2:28)

"*Bienaventurados los que **lavan sus ropas, para tener derecho al árbol de la vida,** y para entrar por las puertas en la ciudad.*"
(Apocalipsis 22:14)

"*El que venciere será vestido de vestiduras blancas; y **NO borraré su nombre** del libro de la vida, y confesaré su nombre delante de mi Padre, y delante de sus ángeles.*" (Apocalipsis 3:5)

La Biblia dice también:

"*No todo el que me dice: **Señor, Señor,** entrará en el reino de los cielos, sino **el que HACE la voluntad de mi Padre** que está en los cielos Muchos me dirán en aquel día:*

*Señor, Señor, ¿no profetizamos en tu nombre, y en tu nombre echamos fuera demonios, y en tu nombre hicimos muchos milagros? Y entonces les declararé: Nunca os conocí; **apartaos de mí, hacedores de maldad**"* (Mateo 7: 21-23)

"*Jehová es tardo para la ira y grande en poder, y **NO tendrá por inocente al culpable.**"* (Nahúm 1:3ª)

"Pero tú, ¿por qué juzgas a tu hermano? O tú también, ¿por qué menosprecias a tu hermano? **Porque todos compareceremos ante el tribunal de Cristo.** *Porque escrito está: Vivo yo, dice el Señor, que ante mí se doblará toda rodilla, Y toda lengua confesará a Dios. De manera que* **cada uno de nosotros dará a Dios cuenta de sí.** *"* (Romanos 14:10-12)

Así que, el asunto es **más serio** de lo que a simple vista parece...

Aún más: Sobre los que por un tiempo son creyentes y luego **abandonan** los caminos del Señor, la Biblia nos dice que ellos estarán en una situación peor que la que estaban antes de ser creyentes:

"Ciertamente, si habiéndose ellos escapado de las contaminaciones del mundo, por el conocimiento del Señor y Salvador Jesucristo, **enredándose otra vez** *en ellas son vencidos,* **su postrer estado viene a ser peor que el primero.***

Porque **mejor les hubiera sido** *no haber conocido el camino de la justicia, que después de haberlo conocido, volverse atrás del santo mandamiento que les fue dado."* (2 Pedro 2: 20-21)

Repetimos, **DIOS NO PUEDE SER BURLADO.**

Debemos vivir conforme a la Palabra que nos asegura que **el verdadero creyente no está en una puerta rotativa, entrando y saliendo de la gracia de Dios;** sino que está seguro en las manos de Dios, ya que:

"ni la muerte, ni la vida, ni ángeles, ni principados, ni potestades, ni lo presente, ni lo por venir, ni lo alto, ni lo profundo, ni ninguna otra cosa creada nos podrá separar **del amor de Dios,** *que es en Cristo Jesús Señor nuestro"*
(Romanos 8: 38-39)

El pecar es Antinatural para el verdadero creyente.

Una persona que realmente ha nacido de nuevo no puede seguir cometiendo los mismos viejos pecados. Habiendo nacido del Espíritu, el creyente es una nueva criatura para quien *"las cosas viejas han pasado y todas son hechas nuevas"* (2 Corintios 5:17).

La vieja vida es una cosa del pasado; y aunque es una fuerza latente dentro de uno, está dominada y declarada muerta por la nueva Presencia que mora en nosotros (Romanos 6:11).

Aquello que antes era la práctica y costumbre, ahora se ha convertido en algo antinatural y contrario a los nuevos impulsos del corazón.

Como nos dice el apóstol Juan:

"Todo aquel que permanece en él, no peca; todo aquel que peca, no le ha visto, ni le ha conocido. Hijitos, nadie os engañe; el que hace justicia es justo, como él es justo. El que practica el pecado es del diablo; porque el diablo peca desde el principio. Para esto apareció el Hijo de Dios, para deshacer las obras del diablo.

Todo aquel que es nacido de Dios, no practica el pecado, porque la simiente de Dios permanece en él; y no puede pecar, porque es nacido de Dios." (1 Juan 3: 6-9)

"Sabemos que todo aquel que ha nacido de Dios, no practica el pecado, pues Aquel que fue engendrado por Dios le guarda, y el maligno no le toca." (1 Juan 5:18)

En otras palabras, el pecado es extraño a la nueva naturaleza; porque la nueva naturaleza que es nuestra por la fe, NO *practica el pecado*.

Cambio de Mando

Cambio de mando

Así, cuando la vieja naturaleza recobra el control, temporal e inesperadamente, el nuevo ser se subleva contra esta intrusión antinatural. El recurso inmediato es Cristo.

La Biblia nos dice que aunque nosotros le seamos infieles al Señor, Él permanece siendo Fiel.

Él no se puede negar a sí mismo (2 Timoteo 2:13).

El Señor siempre está dispuesto a interceder por nosotros ante el Padre *(Hebreos 7:25)*, mostrándonos que su amor por nosotros nunca deja de ser.

Cuando el creyente que ha pecado se vuelve a Cristo, no viene con la desesperación de un alma perdida, sino con el conocimiento seguro que, **como un hijo de Dios que es**, él tiene un Abogado con el Padre, quien es Fiel y Justo para perdonar nuestros pecados y limpiarnos de toda maldad.

Así el creyente ejerce su prerrogativa como hijo de Dios, **sin dudar su posición** que él sabe que está basada en la rectitud infalible de Cristo por la fe.

Sin embargo, es indispensable traer a colación la libre voluntad y la responsabilidad del creyente, ya que Dios **NO RETIRA** EL PODER DE ELECCIÓN a la persona cuando le recibe como hijo/a.

Por el ejercicio del libre albedrío, el creyente acepta la salvación y se vuelve un hijo de Dios; pero también debe tener el cuidado de **no tomar una actitud ligera** hacia el pecado.

No debe usar la gracia de Dios como una licencia para pecar.

La Palabra nos enseña que Dios;
Además de ser **AMOR** *(1 Juan 4:16)*,
También es **FUEGO CONSUMIDOR** *(Deuteronomio 4:24)*

¿Qué, pues, diremos? ¿Perseveraremos en el pecado para que la gracia abunde? Preguntó Pablo (Romanos 6:1)

"**En ninguna manera**", contestó (Romanos 6:2).

La respuesta es **enfáticamente negativa**. Pablo supo y enseñó que el practicar un pecado afectaría adversamente la fe de un creyente; y es la fe la que hace posible una relación con Dios.

El pecado continuado es presuntuoso, arbitrario, y es una evidencia de rebelión. La rebelión es lo contrario a la obediencia de fe.

Los creyentes constantemente deben estar en guardia:

> "**Mirad bien**, no sea que alguno deje de alcanzar la gracia de Dios" (Hebreos 12:15)

La exhortación de la Biblia es:

> "**Examinaos** a vosotros mismos si estáis en la fe; **probaos** a vosotros mismos" (2 Corintios 13:5)

Porque:

"Bienaventurado el varón que soporta la tentación; porque cuando haya resistido la prueba, recibirá la corona de vida, que Dios ha prometido a los que le aman." (Santiago 1:12)

Jesús nos dice:

"He aquí yo vengo pronto, y mi galardón conmigo, para RECOMPENSAR a cada uno según sea su obra"
(Apocalipsis 22:12)

Una palabra final...

Vivamos nuestra vida de tal manera que podamos apropiarnos de las palabras del apóstol Pablo:

"¿No sabéis que los que corren en el estadio, todos a la verdad corren, pero uno solo se lleva el premio? Corred de tal manera que lo obtengáis. Todo aquel que lucha, de todo se abstiene; ellos, a la verdad, para recibir una corona corruptible, pero nosotros, una incorruptible. Así que, yo de esta manera corro, no como a la ventura; de esta manera peleo, no como quien golpea el aire, sino que golpeo mi cuerpo, y lo pongo en servidumbre, no sea que habiendo sido heraldo para otros, yo mismo venga a ser eliminado." (1 Corintios 9: 24-27)

"He peleado la buena batalla, he acabado la carrera, he guardado la fe. Por lo demás, me está guardada la corona de justicia, la cual me dará el Señor, juez justo, en aquel día; y no sólo a mí, sino también a todos los que aman su venida."
(2 Timoteo 4: 7-8)

Vivamos conforme a la Verdad y enseñemos a otros solamente la Verdad. Confiemos en Dios siempre, que Él nunca nos fallará.

"Al que venciere, le daré que se siente conmigo en mi trono, así como yo he vencido, y me he sentado con mi Padre en su trono. El que tiene oído, oiga lo que el Espíritu dice a las iglesias"
(Apocalipsis 3: 21-22)

Bendición y Paz.

De Ateo, a Pastor.
Anécdota Personal

De ateo, a Pastor. Anécdota Personal

A la fecha cuando escribo estas líneas ya he pasado la barrera de los 50 años de edad. Criado en la religión tradicional, me volví ateo en 1974, mientras cursaba mi segundo semestre de estudios universitarios, después de estudiar la materia de Filosofía y de conocer cómo era de amplia la manera de pensar de los grandes filósofos; y sin embargo, cuántas contradicciones tenían entre unos y otros.

En mi familia eran cristianos mi madre, mi padre y un hermano. Me burlaba de ellos y discutía fervientemente con ellos y hablaba muy mal del pastor que iba a casa, pues le creía un engañador. Yo odiaba que me mencionaran la palabra "Dios". Me provocaba inmediatamente la ira el siquiera escuchar esta palabra. De hecho, cuando estaba leyendo algún libro y el autor mencionaba la palabra "Dios", inmediatamente dejaba de leer y tiraba el libro, considerándolo como "basura". Recuerdo que cuando era niño, cada vez que estornudaba, mi mamá me decía "Dios te bendiga". Bueno; en aquél tiempo yo le pedí a mi madre que dejara de decirme esas palabras porque mencionaba sobre mí la palabra "Dios".

Le dije que, como el estornudar era señal de que mi cuerpo estaba por recibir algún virus, que me deseara "Salud" en lugar de decirme lo anterior.

Ella partió con el Señor en el año 1978, tres semanas después de asistir a mi graduación; con el dolor de saber que su hijo era tan rebelde y sin poder decirme la bendición. (Lo que nunca pude impedirle era que orara por mí cuando estaba a solas; y estoy seguro que Dios escuchó sus oraciones y que a Su tiempo le dio la respuesta)

Me gradué de Ingeniero Químico en junio de 1978 y comencé a trabajar en mi profesión. Pude desarrollar o ampliar mis capacidades aprendidas, en las empresas en las que trabajé.

Como yo no creía en la existencia de Dios, creía en la evolución; y busqué en el mundo de la ciencia las respuestas a la vida que mi corazón demandaba.

Yo tenía una definición muy particular de lo que era Dios. Yo creía que Dios era:

"Un mito creado por mentes débiles e ignorantes que tenía como propósito, además de hacer que las personas fueran buenos ciudadanos, confortar a aquellos infelices que por su falta de competencia o preparación, enfrentaban el fracaso de sus vidas con la vana ilusión de que después de la muerte, entonces vivirían bien".

Durante algún tiempo estuve buscando conocer por qué las cosas suceden como suceden; por qué, por ejemplo, la luz del sol continúa brillando por tantos años sin agotarse; por qué existe la fuerza de la gravedad; la inmensidad del universo y la perfección del átomo, etc.

¿Quién diseñó esa computadora?

Comencé a imaginar que quizás existiría algún tipo de **computadora** en el universo que controlaba todas las cosas y que diseñó la gravedad para evitar que estuvieran chocando los astros; pero luego venía la pregunta:

¿Quién diseñó y programó esa computadora?
¿Qué mente había detrás de tanta perfección en el universo?

Estaba lleno de preguntas y la ciencia no satisfacía mis inquietudes (aunque en ese tiempo yo trabajaba como consultor técnico, especialista en información científica y tecnológica que daba respuesta a cualquier tipo de preguntas que cualquier profesional tuviese).

En el año 1988, mi hermano mayor me preguntó si yo tenía a alguien que lo considerara mi mejor amigo. Le dije que tenía amigos pero que al final, realmente yo no confiaba en nadie. Me consideraba solitario.

Él me invitó a una reunión en la cual me iba a presentar a alguien que podría ser mi mejor amigo y en quien yo realmente podría confiar.

Fui a esa reunión y resultó que era en una iglesia católica y estaban los catecúmenos y los carismáticos presentando a Cristo Jesús. Yo estaba un poco frustrado con mi hermano pero me quedé en esa reunión. El próximo sábado continuaría la conferencia.

Tuve toda una semana angustiado y muchas cosas pasaron en mi vida. Si abría la Biblia me salían porciones que me hablaban de juicio y destrucción; pero también otras que hablaban que Dios me perdonaba, que me amaba, etc.

Así que volví a la próxima reunión y ya estaba más tranquilo pero con expectación. Seguí asistiendo a la iglesia católica aunque me avergonzaba decir a los vecinos y amigos que ya yo creía en Dios y que Jesucristo en verdad existía.

Emigré a los Estados Unidos en abril de 1990 con la intención de formar una empresa consultora e importadora, la cual, esperaba, me haría millonario; pero Dios tenía un plan diferente para mi vida.

Aunque no quería saber de los cristianos (yo les llamaba "protestantes" o, en el mejor caso, *"los hermanos separados"*), en agosto de ese año el Señor me trajo a la Iglesia Nueva Vida y en diciembre de ese año también fui bautizado en las aguas.

Comencé a servirle a Él, dispuesto para que cumpla Su propósito en mí. Son muchas las cosas que el Señor me ha mostrado y sé que aún faltan muchas más. Sé que estoy en Sus manos y le pido que se haga siempre Su perfecta voluntad en mí.

J.R.

Le invito a conocer al
Amor como Persona

La Manifestación del Amor

Hay una fuerza que mueve la humanidad. Es más poderosa que la electricidad, conquista más que el dinero; y atrae más que la gravedad. Es la fuerza del Amor

Procede de la fuente primaria de todas las cosas: Dios.
Su Palabra nos dice que Dios quiere mostrar Su amor a cada persona. Esto lo incluye a USTED. Él le dice:

"Le atraeré con cuerdas de amor" (Oseas 11:4)

Estas cuerdas hablan de un sacrificio, por amor, para poder salvarle a USTED.

Quizás sus caminos están lejos de Dios; sin embargo, Él le busca para salvarle, bendecirle, prosperarle; y sobre todo, para tener comunión con usted.

"Porque de tal manera amó Dios al mundo, que ha dado a su Hijo unigénito, para que todo aquel que en él cree, no se pierda más tenga vida eterna." (Juan 3:16)

"Mas Dios muestra su amor para con nosotros, en que siendo aún pecadores, Cristo murió por nosotros." (Romanos 5:8)

Acérquese a Dios. Él es su creador. Déjele que le salve. No resista al llamado de su amor.

Es muy fácil recibir el perdón de Dios, porque ya Cristo pagó el alto precio que Dios exigía

Cumpla usted ahora con su parte:

Tome hoy la decisión de cambiar su vida. Arrepiéntase de haber vivido fuera de la voluntad de Dios, su creador, a quien algún día tendrá que dar cuentas por todos sus actos y palabras *(Mateo 12:36;*

Eclesiastés 12: 13-14); y acepte la justicia y la gracia de Dios en Jesucristo ahora, antes de que no tenga más oportunidades:

a) Reconozca que es pecador. Que no ha vivido perfectamente delante de Dios.

b) Arrepiéntase sinceramente de vivir apartado de Dios.

c) Pídale perdón de todo corazón por todos sus pecados.

d) Entregue su alma y el control de su vida a Dios, confesando al Señor Jesucristo como su Señor y Salvador; y reciba la gracia de Dios, la salvación de su alma.

Dice El Señor:

> *"Venid luego, dice Jehová, y estemos a cuenta: si vuestros pecados fueren como la grana, como la nieve serán emblanquecidos; si fueren rojos como el carmesí, vendrán a ser como blanca lana"* (Isaías 1: 18)

> *"Que si confesares con tu boca que Jesús es el Señor, y creyeres en tu corazón que Dios le levantó de los muertos, serás salvo."*
> (Romanos10:9)

> *"Si confesamos nuestros pecados, él es fiel y justo para perdonar nuestros pecados, y limpiarnos de toda maldad"*
> *(1 Juan 1:9)*

> *"Y la sangre de Jesucristo su Hijo nos limpia de todo pecado."*
> *(1 Juan 1:7b)*

e) Aprenda a vivir conforme a la voluntad de Dios. Para esto, es necesario que aprenda a hablar con Dios (orar); Aprenda lo que Dios desea que usted sepa (lea la Biblia), congréguese en una iglesia cristiana donde se predique y enseñe la Palabra de Dios, La Biblia, para que crezca en el conocimiento de la Palabra y en el amor fraternal; y obedezca la voz del Espíritu Santo que le ha de dirigir en todo tiempo.

f) Comparta con otros el amor que ha recibido.

Bendiciones.

Otros libros escritos por el autor

Otros libros escritos por el autor

El Paradigma, ¿o cuento?, de la Evolución

Después de haber sido ateo por más de 14 años, cuando creía y defendía la teoría de la evolución; el autor, graduado en el año 1978 como Ingeniero Químico en la Pontificia Universidad Católica Madre y Maestra; y como resultado a intensas indagaciones sobre el tema de la evolución, expone sus conclusiones después de 30 años de terminar sus estudios universitarios y luego de innumerables experiencias de la vida.

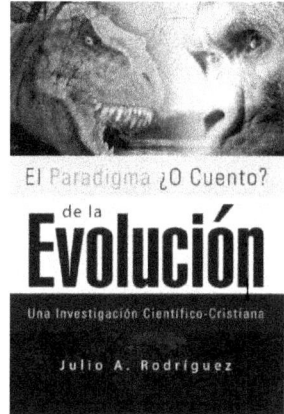

El Paradigma ¿O Cuento?
de la
Evolución
Una Investigación Científico-Cristiana
Julio A. Rodríguez

Este libro expone detalles "evolutivos" tan impactantes, que le harán pensar seriamente en lo siguiente:

• Todo lo que existe; ¿Lo hizo "Alguien" o "Nadie"?

• ¿Habrá sido un Ser Sabio, Poderoso y Eterno, que hizo todas las cosas; o fue "La Nada" que nunca existió y por lo tanto no tiene ni nunca tuvo poder, ni propósito… ¡ni nada!, que formó todo el universo a partir de su propia esencia inexistente?

• La vida, ¿Tiene sentido y propósito, o es una vana ilusión que nos toca a todos soportar?

El autor asegura y demuestra que:

"Las escuelas y universidades **adoctrinan** a los estudiantes para que dejen de creer en Dios, enseñando como ciencia lo que es pura creencia ateo-religiosa"; y también: "Si alguien cree que de algo más pequeño que UN ÁTOMO se formó todo el universo, dicha persona **tiene más FE** que todos aquellos que creen en Dios"

Gladiadores Religiosos. Cuidado con los Judaizantes Modernos

La temática tratada en este estudio es de gran importancia para el cristianismo, porque expone la sutil maniobra de personas que se introducen en las iglesias cristianas con el pretexto e enseñar sobre la cultura judía... pero al final lo que hacen es confundir a hermanos ingenuos con la consecuencia de hacerlos *caer de la gracia* al incitarlos a dejar de confiar en los méritos de Jesucristo, buscando ser justificados en las obras de la ley

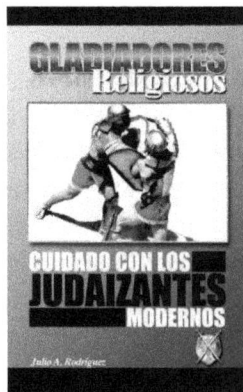

El Ateísmo no tiene Fundamento

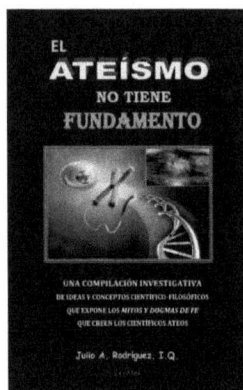

Sin importar lo que una persona crea o entienda sobre su existencia propia, la lógica y la razón le inquietan e impulsan a buscar respuestas al propósito de vivir; porque reconoce que su vida va pasando...

...Debido a que las preguntas básicas de la vida no tienen respuestas satisfactorias en el Ateísmo, los que se denominan "Ateos" han recurrido a la absurda negación de hechos comprobados; a promover fábulas disfrazadas como verdades científicas; y a hacer pretenciosas declaraciones sin fundamento, para tratar de calmar y silenciar la conciencia de todo el que pregunte por qué creen lo que creen.

ES UNA PODEROSA HERRAMIENTA PARA TODO CREYENTE;
Y UN RETO DECISIVO PARA TODOS AQUELLOS QUE BUSCAN CONOCER
LA VERDAD ABSOLUTA.

Referencias

[i] Todas las citas bíblicas usadas en este trabajo han sido tomadas de la versión Reina-Valera, revisión 1960, de las Sociedades Bíblicas en América Latina; el énfasis dado en algunos versículos, ya sea por medio de negritas, subrayado, o itálicas, son hechos por el autor.

[ii] Resumen de la Doctrina Cristiana, por Luis Berkhof, pg. 76

[iii] Los Cinco Puntos del Calvinismo, por Edwin H. Palmer, p. 122

[iv] La confesión de Augsburg, Artículo 2.

[v] Fuente: Philip SCAF. La historia de la Iglesia cristiana, Vol II P 246

[vi] Fuente: ISBE, 1979

[vii] Fuente: Británica 1979 VII, Pág. 837-8

[viii] Confesión de Fe de Westminster

www.ingramcontent.com/pod-product-compliance
Lightning Source LLC
Chambersburg PA
CBHW061738020426
42331CB00006B/1275